识干家

企業閱讀　學以致用

产业并购操盘手

15个案例　11个范本，拿来就用

张军杰◎著

天津出版传媒集团
天津人民出版社

图书在版编目（CIP）数据

产业并购操盘手：15 个案例 11 个范本，拿来就用/张军杰著．－－天津：天津人民出版社，2020.10

ISBN 978－7－201－16357－4

Ⅰ.①产… Ⅱ.①张… Ⅲ.①企业兼并－案例 Ⅳ.①F271.4

中国版本图书馆 CIP 数据核字（2020）第 151715 号

产业并购操盘手：15 个案例 11 个范本，拿来就用

CHANYE BINGGOU CAOPANSHOU：15GE ANLI 11GE FANBEN NALAIJIUYONG

张军杰 著

出　　版 天津人民出版社
出 版 人 刘　庆
地　　址 天津市和平区西康路 35 号康岳大厦
邮政编码 300051
邮购电话 （022）23332469
网　　址 http://www.tjrmcbs.com
电子邮箱 reader@tjrmcbs.com

责任编辑 李　羚
策划编辑 贺　君
装帧设计 仙　境

印　　刷 河北宝昌佳彩印刷有限公司
经　　销 新华书店
开　　本 710 毫米×1000 毫米　1/16
印　　张 16
字　　数 270 千字
版次印次 2020 年 10 月第 1 版　2020 年 10 月第 1 次印刷
定　　价 86.00 元

前　言

为什么要写这本书

并购是一项复杂的系统工程，涉及并购目标搜寻、前期调查、尽职调查、企业估值、交易结构设计、谈判及交割，以及并购之后的整合与管控等环节。国内外大量的并购实践表明，超过六成的并购活动非但没有为买家增加每股的价值，反而以失败告终，甚至因为整合不到位，拖累了企业发展的时间窗口。

市面上关于并购的书籍，多数侧重从法律的角度对并购活动进行阐述，忽视了并购活动的系统性和整体性，导致读者购买了许多投资书籍，却仍然无法有效地开展产业并购活动。

本书的写作源于作者多年在产业并购、基金管理及并购咨询顾问等工作中，对并购活动相关利益方切身诉求的深刻理解，以及对并购所涉及的前期规划、目标搜寻、中期方案设计、谈判交割及后期整合与评价等操作环节的深层认知。同时，多年来接触的众多优秀企业家，以及投资机构、会计师、律师事务所等专业人士对并购的真知灼见，也给了本书创作的源泉。

本书有哪些特点

本书以产业并购操盘者的切身视角，基于产业并购核心理念，着眼于产业与资本领域最新动态，以近期发生的真实操作案例为依托，以实用范本、图表、模型、数据为支撑，把产业并购前期策划、目标搜寻、尽职调查、企业估值、交易结构设计、税收筹划、后期整合、管控评价等全流程操作紧密地串联在一起，形成了产业并购的有效闭环。同时，结合国家“一带一路”的大战略，对我国企业境外并购投资，尤其是东南亚地区和欧洲国家，以真实的案例形式进行了剖析，并对我国企业开展境外并购的相关审批程序、注意事项等进行了阐述。

本书的突出特点有：第一，闭环产业并购全流程。本书从前期策划、目标搜寻、尽职调查、企业估值、交易结构设计、税收筹划、后期整合、管控评价等十个专题进行全流程的赋能式并购指导。第二，真实案例与实用范本、图表、模型。本书共包含15个案例、11个范本、38个图表，许多模板与范本是笔者多年投资管理工作的积累，拿来即用。第三，实用性较强，通俗易懂。本书对并购中的相关理论术语进行了通俗的解释，力求易懂，同时聚焦产业并购实践，让阅读者既熟知实践，又通晓理论。

适合的读者

本书写作的目的是给希望从事投资并购的人员、正在从事投资并购的人员、财经类高校师生及企业中高层管理人员，提供一本融理论、方法、案例于一体的实用指南。

本书写作过程中，查阅了大量投资并购专业书籍、文章资料，并力求最大可能标注曾阅读和参考过的相关资料，但还是有少量资料未能准确注明出处，在这里表示歉意。

由于作者知识和写作功底有限，书中难免存在错误之处，敬请各位读者提出宝贵意见和建议。

目录

前　言

第一章　全球并购的大趋势

第四章 好的并购战略是成功并购的第一步

第五章 筛选优质并购目标，签订意向书

第六章 组建专业团队开展全面的尽职调查

第一章

全球并购的大趋势

第一节　全球八次企业并购浪潮

一、第一次并购浪潮以横向并购为代表

第一次企业并购浪潮发生于19世纪末20世纪初，其高峰时期为1898—1903年，它被认为是西方前五次并购浪潮中最重要的一次。

本次并购浪潮的特点表现为：

一是并购的主要形式是横向并购。即具体有优势的企业对同行业的劣势企业的吞并。

二是追求规模经济和垄断利润。这次并购浪潮使各行业都形成了一批大型骨干企业。

三是并购形成了许多规模庞大的企业。通过这次并购浪潮，使得美国相继形成了钢铁、棉籽油、糖业、石油等大规模的托拉斯。

四是基础设施领域的并购较为集中。石油、电力、钢铁、通信等基础设施领域的大规模并购活动，形成了庞大的垄断性企业，为工业现代化奠定了基础。

二、第二次并购浪潮以纵向并购为代表

第一次世界大战后，资本主义经济进入一个相对稳定的发展时期，科学技术迅速发展，“产业合理化”普遍推行，新兴工业部门产生。同时，旺盛的证券市场极度活跃，企业间的收购兼并增多，成为推动当时世界经济增长的一个重要因素。

本次并购浪潮的特点表现为：

一是纵向并购成为主要形式。即并购是在与本企业生产或经营紧密相关的非本企业所在的前后道生产工序、工艺过程的生产企业之间进行，从而形成纵

向生产一体化。

二是产业资本与金融资本相互融合渗透。庞大的金融资本促进了资本主义经济的“产业合理化”和标准化大生产过程，促进了资本主义市场经济由轻工业为主的经济结构向以重工业为主的经济结构的转变过程，使资本主义经济更加规模化和重型化。

三是大企业成为并购活动的主角。垄断企业通过并购大量中小企业，加强自己的经济实力，扩展势力范围。

三、第三次并购浪潮以混合并购为代表

第三次企业并购浪潮发生于20世纪五六十年代。第二次世界大战后，随着科学技术的发展和管理科学的进步，企业进一步扩大规模的欲望日益增强。同时，科技的快速发展和第二次世界大战后由军事工业向民用工业的大规模转移，促进了电子工业、计算机工业等新一轮现代产业的迅速崛起，产业结构面临着新一轮的调整，即工业结构由重工业化向高加工度化发展。

本次并购浪潮的特点表现为：

一是混合兼并的新形式成为并购的主导模式。即优势企业为实现多元化经营，并购与自己生产经营毫不相关的其他产业部门的企业，从而形成一个企业主体下的统一指挥、统一管理、统一经营，以分散和降低经营风险。

二是“大鱼吃大鱼”。即优势大企业之间的强强联合。如通用电气兼并了尤他国际公司，莫比尔石油公司并购马考尔公司。

三是跨国并购呈进一步扩大态势。据哈佛大学的抽样调查表明，跨国并购在跨国直接投资方式中所占的比重在第二次世界大战后迅速增长，在1951—1955年达到30%、1961—1965年达到了40.8%。

四、第四次并购浪潮以金融杠杆并购为代表

进入20世纪80年代后，资本主义世界又进入了新一轮企业并购浪潮，且规模是空前的。1984年，美国并购总数为2543起，总金额达到1220亿美元，较1975年增长近10倍。欧洲共同体内部20世纪80年代也刮起了企业并购之风，其并购规模迅速扩大。1989年，英国发生了近百亿美元收购航空公司的

案例。日本 1985 年企业并购 1000 余家。1989 年，日本索尼公司以 44 亿美元购买哥伦比亚影业娱乐公司，三菱地产公司以 8 亿美元买下了美国的洛克菲勒中心大厦。

本次并购浪潮的特点表现为：

一是杠杆并购在这次并购浪潮中作用巨大，即并购中出现了“小鱼吃大鱼”的“杠杆收购”兼并形式。

二是并购范围广泛，形式趋于多样。从食品到烟草生产、连锁超市、汽车、化学、医药、石油、钢铁、航空航天、信息通信等产业，并购对象不仅有国有上市公司，还有海外企业。形式上，横向、纵向和混合并购相互补充。

三是跨国并购规模增大。进入 20 世纪 80 年代，跨国并购开始成为许多跨国公司全球扩张的重要手段。以美国为例，1987 年美国并购外国公司 183 起，交易总额为 7.1 亿美元；1989 年交易数为 382 起，交易总额为 27.8 亿美元。

五、第五次并购浪潮以策略联盟驱动并购为代表

从 1994 年以美国为首的西方各国的高新技术产业迅猛发展，拉动了第三产业的快速发展，并由此带动了金融证券市场的发展，从而拉开了企业并购的第五次浪潮。第五次企业并购浪潮，是在对前四次并购浪潮方式运用的基础上，又形成了新的并购方式——策略联盟驱动并购方式。

本次并购浪潮的特点表现为：

一是第三产业成为并购的新热点。并购产业范围上有 2/3 的企业分布在金融服务业、医疗保险业、电信业、大众传媒和国防工业五大产业。

二是并购巨型化。从世界范围看，此次并购极大地促进了一批巨型、超巨型的大公司和跨国公司的产生和发展。1998 年，埃克森石油公司并购美孚石油公司，交易金额 863.55 亿美元；西南贝尔电讯公司并购美国电讯公司，交易金额 723.57 亿美元；AT&T 并购 TCI 公司，交易金额 682.8 亿美元。2000 年，英国沃达丰公司并购德国曼内斯曼公司，交易金额 1850 亿美元，美国在线并购时代华纳公司，交易金额 1550 亿美元。

三是策略联盟的并购成为并购的新特点。即通过企业间的策略联盟，可以

分担成本和风险，集合资源，增进相互的技术进步和企业经营多元化，是一种实现双赢或共赢的新模式。

六、第六次并购浪潮以资源型并购为代表

2005 年，随着世界经济复苏的步伐加快，国际资本流动明显增加，全球并购交易规模显著扩大，第六次并购浪潮随即而来。据 Dealogic 公司提供的数据，2005 年全球并购总额达 2.9 万亿美元，成为 2000 年以来并购交易额最高的一年。2007 年全球并购总额更是达到 4.48 万亿美元，较 2005 年增长 54.5%，为第六次并购浪潮的高峰期。

本次并购浪潮的特点表现为：

一是资源型并购日益成为主流。全球石油、天然气等能源公司的并购层出不穷，2005 年能源行业的并购规模达到 5100 亿美元，2009 年能源和原材料行业并购规模已经达到 5600 亿美元，占全球并购总额的 27%。2009 年前 15 大并购案中，涉及能源及原材料行业的企业并购案就有 5 个，交易额占前 15 大并购交易总额的 32%。

二是新兴市场日益崛起。随着新兴市场经济体的整体兴趣，涉及新兴市场经济体企业的并购活动显著增多。其中，来自拉美、亚洲等新兴市场的并购活动受到很大的关注。

七、第七次并购浪潮以 PE/VC 财团为代表

2013 年起，巨型并购交易不断涌现，竞购大战层出不穷，巨型交易的恶意收购屡屡发生，跨境并购交易比例不断上升，股东积极主义呈全球蔓延态势，发展中经济体在跨境交易中日益活跃。

2015 年，全球企业并购异常活跃。根据美国金融数据公司迪罗基（Dealogic）统计，这一年，全球并购交易总额达到 4.9 万亿美元，不仅较 2014 年猛增 37%，而且超过了 2007 年的交易总额 4.6 万亿美元，创下全球企业并购新的年度纪录。

此轮并购潮的一个突出特点是，大规模企业的行业内并购集中发力。在 2015 年亚太地区并购活动中，中国企业的表现引人注目。据汤森路透统计，

2014 年中国公司对外并购推动亚太地区年度并购总额首次突破 1 万亿美元。2015 年，亚太地区并购规模达到了 1.2 万亿美元，同比增长 46%，其中中国内地市场贡献了 1020 亿美元，随后依次为中国香港和澳大利亚。

根据 Bureau van Dijk 统计，2016 年中全球共有 96665 笔交易，并购总价达到 47341.65 亿美元。百威英博（Anheuser - Busch InBev）以 1244.44 亿美元收购了南非米勒（SABMiller）成为全球年度最大交易。此笔收购占 2016 年英国并购总额的 30 %，全球并购总额的 3 %。突破 500 亿美元的交易中，德国化工制药巨头拜耳（Bayer）以 660 亿美元的价格收购美国主营农业生物科技业务的孟山都公司（Monsanto）而排在首位。阿波罗全球管理公司（Apollo Global Management）以 119.43 亿美元收购了电子安全、消防和报警监控服务提供商 ADT，成为 2016 年金额最大的一笔私募股权交易。

根据 Bureau van Dijk 并购数据库 Zephyr 数据显示，2017 年全年共有 96082 笔交易，其交易总额为 47409.69 亿美元。其中，西欧地区的交易额在过去 12 个月里上升了 6 个百分点，从 12137.85 亿美元攀升到了 12819.17 亿美元；而远东及中亚地区的交易额则从 12501.28 亿美元增长至 12751.61 亿美元，同比上升 2%。2017 年全球并购中，PE/VC 出现了较为积极的趋势。2017 年公布交易 23103 笔，合约总额达到 7527.91 亿美元。其中，多笔高价值交易促进了总额的提升，以来自美国一个投资财团以 204.74 亿美元的价格收购得克萨斯州燃气发电厂运营商 Calpine 的交易为代表。紧随其后的是东芝将旗下半导体业务公司（TMC）出售给贝恩集团为首的“Pangea”财团。2017 年，中国企业跨境并购交易金额 10340 亿元，交易数量 477 笔。境内共完成并购交易 4010 笔，交易完成规模 2532.6 亿美元。

八、第八次并购浪潮预计将以亚洲为代表

纵观全球并购市场大趋势，近年来出现了两种并购新趋势：

一是在欧债危机影响下，欧洲各国经济持续下滑，为中国和日本等国家收购欧洲资产带来了机会窗口，海外并购也日益增长。

二是在中国“一带一路”大战略背景下，东南亚地区的并购交易活动逐步增多，除了传统的绿地类交易外，以互联网经济为代表的新技术类并购更加活跃。

《经济学人》纽约分社负责人帕特里克·福利斯（Patrick Foulis）称，在

过去的一个半世纪中，西方经历了七轮巨大的并购浪潮，始于 2012 年的第七轮并购浪潮即将退潮，而下一波浪潮的苗头也将更加清晰，将于 21 世纪 20 年代初达到顶峰①。

第二节　中国企业并购五次浪潮

改革开放以来，随着社会主义市场经济体制的确立，企业并购逐渐成为企业间优胜劣汰的市场手段活跃在经济体制改革的前沿。截至 2017 年，我国的企业并购已经经历了四次浪潮，第五次并购浪潮正在全球兴起②。

一、第一次企业并购浪潮（20 世纪 80 年代）

改革开放以来，企业并购的观点逐步转变，企业对市场的依赖程度越来越高，企业的市场意识和竞争意识不断加强，市场竞争日趋激烈，企业开始出现分化。

本次并购浪潮的特点表现为：

一是并购大多是自发的，且基本上属于同一行业内。

二是并购数量少、规模小。

三是并购方式多为承担债务式或出资购买式。

二、第二次企业并购浪潮（20 世纪 90 年代）

20 世纪 90 年代以来，中国先后颁布了《公司法》《合伙企业法》《个人独资企业法》等法律文件，并引入国际上通行的企业分类方式。进一步明确了按照现代企业制度的要求，实施产权改革和产权转让的一系列政策。中国的市场经济得到了进一步快速发展，促使中国证券市场上并购交易活跃。

---

① Patrick Foulis. 挥别并购潮. 财经网. http://magazine.caijing.com.cn/20170210/4232944.shtml.

② 张夕勇.《并购与整合》. 中国财政经济出版社，2011.

本次并购浪潮的特点表现为：

一是中国企业并购开始向多样化、证券化方向发展。如 1993 年上海宝安收购延中、恒通收购棱光、康恩贝控股浙江凤凰、中远收购众城等案例。

二是企业开始跨出国门，跨国收购已现端倪。1992 年广西玉柴机器公司以 2500 万美元收购美国福特公司巴西柴油机厂、首钢以 3. 12 亿美元收购秘鲁钢铁公司的铁矿等。

三、第三次企业并购浪潮（2000—2004 年）

2000 年，中国经济在摆脱亚洲金融危机的冲击后，宏观经济运行出现了重大转机，2001 年中国正式加入世界贸易组织（WTO），西方国家仍处于金融危机影响之中，为中国企业的并购创造了机遇。

本次并购浪潮的特点表现为：

一是政府利用并购手段加快产业结构的调整，推进产业升级。

二是中国大企业集团运用国际资本市场的能力明显增强，行业垄断初见端倪。2000 年，“中石油”“中石化”相继在境外上市；2002 年，“中海油”收购了 Repsol 在印度尼西亚的资产，“中石化”收购了位于突尼斯的油田。

三是外资迅速参与国内并购市场。2001 年 10 月，阿尔卡特收购中方股东拥有的上海贝尔 10% 加 1 股的股份，同时买断比利时拥有的上海贝尔 8. 35% 的全部股份，成为中国电信领域首家成立股份制的国际企业。

四、第四次企业并购浪潮（2005—2010 年）

2005 年开始，随着全球并购市场进入第四次并购浪潮，中国并购市场也快速崛起，成为全球并购市场的一员。据 Thomason Financials 统计，2008 年中国海外并购达到 301 亿美元，2009 年、2010 年发展更是迅速。据 ChinaVenture 报告显示，2010 年中国企业并购无论完成安全数量还是交易金额，都较 2009 年有所上升。在跨境并购方面，中国企业出境并购案例数量和金额大幅提升，尤其体现在能源行业。2010 年，中国企业并购交易宣布案例 2771 起，交易金额 1772. 1 亿美元。

本次并购浪潮的特点表现为：

一是战略性资源并购是中国企业并购战略的重点。为了获取战略性资源，中国主要与澳洲、印尼等资源丰富的国家的企业进行并购。

二是并购主体类型上，私募基金参与的并购越来越多，金额也越来越大。2007 年有 64 只可投资亚洲市场的私募股权基金成立，募集资金高达 355.84 亿美元。2007 年私募股权投资机构在中国大陆地区的投资并购事件共 177 起，整体投资规模达到 128.18 亿美元。至 2010 年，私募股权基金、主动财富基金推动的大型并购活动更加活跃，中国的私募基金市场达到第四次并购浪潮的高潮。

五、第五次企业并购浪潮（2015—2018 年）

据普华永道并购市场报告显示，中国 2016 年并购市场的交易金额与交易数量均再创新高。中国大陆企业的海外并购投资金额增幅高达 246%，几乎是 2015 年的 3.5 倍。其中，有 51 宗大额海外投资交易金额超过了 10 亿美元，几乎是 2015 年纪录的两倍。

2017 年中国企业跨境并购交易金额 10340 亿元，交易数量 477 起。境内共完成并购交易 4010 起，交易完成规模 2532.6 亿美元。

普华永道《中国企业并购市场 2017 年回顾与 2018 年展望》报告指出，2017 年中国并购活动交易总金额 6710 亿美元。2017 年的出境收购交易价值仍高于 2014 年、2015 年的总和。2017 年，传统私募股权和风险投资基金融资的势头依然强劲。据中国基金业协会的统计，私募股权投资基金的管理规模在过去 3 年中增加了近 7 倍，至 2017 年年底总资产已经达到 1.5 万亿美元。

在中国经济新常态下的经济转型升级、“一带一路”战略实施、人民币化、亚投行战略、国企混合所有制改革、供给侧改革、互联网 +、多层次资本市场构建与金融改革、中国制造 2025 和大众创业、万众创新的双创战略等系列重大战略催化下，中国第五轮并购浪潮正在全球兴起。

第二章

以产业的视角看并购

第一节　并购的特定含义

并购，是兼并（Merger）与收购（Acquisition）的合称，一般缩写为“M&A”。

《大不列颠百科全书》对兼并（Merger）的定义为：“两家或更多的独立企业公司合并成一家企业，通常由一家占优势的企业吸收一家或更多的公司。”我国《公司法》第172条的定义为：“公司合并可以采取吸收合并或者新设合并。一个公司吸收其他公司为吸收合并，被吸收的公司解散。两家以上公司合并设立一个新的公司为新设合并，合并各方解散。”

收购（Acquisition）是指一家公司（称并购企业）在证券市场上，用现金、债券或股票购买另一家公司（称被并购企业）的股票或资产，以获得对该公司的控制权的行为。被并购企业的法人地位并不因此而消失①。

兼并和收购之间的主要区别在于，兼并是一家企业与其他企业合为一体，收购则是一方对另一方居于控制地位。

企业并购是企业兼并和收购的简称，即企业为获取目标企业的控制权（全部或部分），而运用自身可控制的资产（现金、证券及实物资产）去购买目标企业的控制权（股权或实物资产），并因此使目标企业法人地位消失或引起控制权改变的行为。简述之，企业并购是指在市场机制作用下，企业为了获得其他企业的控制权而进行的产权交易活动②。

第二节　并购的三大核心动因

对于企业并购动因问题，东西方学者进行了广泛而深刻的研究。归纳

---

① 韩复龄．《投资银行学（第2版）》．对外经济贸易大学出版社，2014.

② 杨洁．《企业并购整合研究》．经济管理出版社，2005.

而言，主要有协同效应动因、企业发展动因及增强企业核心能力动因等方面。

一、协同效应动因

德国物理学家赫尔曼·哈肯提出的协同论认为，整个环境中的各个系统间存在着相互影响而又相互合作的关系。协同效应，即“1+1>2”的效应，通常是指并购后价值大于原来两个独立企业价值算术和。协同效应在企业并购整合过程中有以下几种：

（一）管理协同效应

管理协同动因源于并购方较高的管理效率输出给被并购目标企业，从而提高目标企业的管理效率而获得收益。其核心是并购方没有充分利用的管理资源可以在并购后的企业中得到充分的利用。在管理协同效应的驱使下，并购方通常会积极寻找同行业中管理水平低的企业进行横向或纵向一体化并购，使自身高效的管理资源有用武之地。由于各个企业的文化理念、经营理念等差异性，管理协同效应有时往往难以达到预期的价值。主要表现为：

（1）提高企业的运营效率

企业并购过程中，管理效率之间存在溢出效应，管理效率高的企业通过并购效率低的企业，可以达到提高管理效率低的企业的目标，从而使整个经济的效率水平由此类并购活动而提高。

（2）充分利用过剩的管理资源

企业并购活动中，管理资源高效且存在过剩的企业，通过并购资产优良但因管理不善导致低绩效的企业，可以使并购企业过剩的管理资源得以有效利用，而被并购企业的低绩效也可以得以改善。

（二）经营协同效应

经营协同效应是指并购带来企业生产经营活动效率的提升而产生的经济价值。通常表现在规模经济效应、纵向一体化效应等方面。具体如下：

（1）规模经济

规模经济是指随着生产规模的扩大，单位产品所负担的固定费用下降从而导致收益率的提升。规模经济效应主要针对横向并购而言。两家生产经营相同（或相似）产品的企业相合并，通过形成规模，可以获取垄断利润。

（2）纵向一体化

纵向一体化主要是针对并购企业的上游原材料与零部件供应商，下游买主或顾客进行纵向并购。纵向一体化可以减少商品流转的中间环节，节约交易成本；可以加强生产经营过程各环节的配合，利于协作化生产。

（三）财务协同效应

财务协同是指并购在财务方面给企业带来的效益，主要表现如下：

（1）内部资金调配与使用上更合理、高效

企业并购后，规模扩大，资金来源更为多样化。并购企业可以更加有效合理地配置闲置资金，提高资金的利用效率；被并购企业可以从内部获取更多闲置资金，不断投向具有更高回报的项目，从而创造更多利润，增加企业内部资金的创造机能。

（2）企业资本扩大，破产风险相对降低，偿债能力和取得外部借款的能力提高

企业并购扩大了自有资本的数量和规模，在一定程度上降低了因企业破产而给债权人带来的损失风险。另外，对于信用等级较低的被并购企业，通过并购，可以提升其信用等级水平，为外部融资减少了障碍①。

（3）实现合理避税

并购企业通过并购活动，低价获取亏损企业的控制权，可以利用被并购企业亏损抵减未来期间应纳税所得额，从而取得一定的税收利益。

（4）二级市场溢价

企业并购效应使得二级市场对被并购企业未来预期看好，市场估值增加，导致企业并购之后产生溢价收益。

（四）资源和文化协同效应

资源协同效应是指企业并购活动中，通过企业资源的整合和再分析，可以在先进技术、品牌价值、管理经验、人力资源、市场份额等方面形成有效协同。文化协同效应是指创新、拼搏等积极的文化可以对消极文化具有溢出、扩散、渗透和同化效应，从而提升目标企业的整体效率。文化协同效应产生的最大阻力在于文化冲突，因此并购前期对目标企业文化的调查及后期的文化整合尤为重要②。

---

① 财政部会计资格评价中心.《高级会计实务》. 经济科学出版社，2016.

② 段云. 并购目标企业优选的价值评估模型，西南财经大学，2006.

二、企业发展动因

在激烈的市场竞争环境中，企业只有持续发展才能保持其在市场中的竞争地位。企业持续发展的方式有两种：一是内生式发展，即通过内部投资获得发展；二是通过并购实现的外延增长，在控制风险的前提下，并购往往是比较高效的方式。

（1）并购可以迅速实现规模扩张和加强市场控制能力

通过并购方式，企业可以规避内部投资方式下周期长、见效慢、发展速度受制约的弊端，在较短的时间内将规模做大、实现规模扩张。另外，并购还可以获取竞争对手的市场份额，迅速扩大市场占有率，增强企业在市场上的竞争能力。由于减少了竞争对手，尤其是在市场竞争者不多的情况下，可以增强市场议价能力和市场的控制力①。

（2）并购可以突破进入壁垒和规模的限制

企业进入一个新的行业会遇到各种各样的壁垒，包括资金、技术、渠道、顾客、经验、行业规模等，其进入门槛较高，学习成本较大。采取并购方式，通过控制某行业领域的优秀企业，则可以绕开这一系列的壁垒，使企业以较低的成本和风险迅速进入该行业。

（3）并购可以主动应对外部环境变化，降低经营风险

通过并购，企业可以进一步发展全球化、多元化经营，开发新的市场或者利用生产要素优势建立新的生产网络，在市场需求下降、生产能力过剩的情况下，抢占市场份额，有效应对外部环境的变化，从而实现降低经营风险，达到综合收益的目的②。

（4）并购可以快速实现企业短期财富效应

通过并购，企业可以在证券市场上获取价值被低估的公司，并通过改善其经营管理业绩之后重新出售，可以在短期内获取巨额收益。

---

① 田广静．企业并购的价值创造研究——以美的集团并购活动为例．山东大学，2013.

② 同上。

三、增强企业核心能力动因

Prahalad 和 Hamel 提出核心能力理论以后，为增强企业能力的并购动因观点得到了广泛认同。核心能力是企业在长期的市场竞争中形成的独特的，其竞争对手无法模仿的能力，是企业可持续发展的基础。企业通过并购整合，可以实现目标企业核心能力的获取和在组织间转移与扩散，以增强现有的企业能力，实现企业价值创造①。

第三节　并购的九大主要类型

当前，企业在并购方式上不断创新，出现了横向并购、纵向并购、混合式并购、影子并购、倒置式并购、离岸并购、管理层并购、借壳并购、杠杆并购、三角并购、重整并购、生态并购、共享式并购、合并式并购及保险公司利用投连险等保险资金通过二级市场举牌大量收购上市公司等多种不同类型的并购方式②。严格区分企业并购方式，可以按照不同的标准对并购进行分类③。

一、新设型并购、吸收型并购和控股型并购

按并购完成后目标企业的法律状态来分，并购可以划分为新设型并购、吸收型并购和控股型并购。

（1）新设型并购

新设型并购指并购双方都解散，重新成立一个具有法人地位的企业的并购。

① 田广静．企业并购的价值创造研究——以美的集团并购活动为例．山东大学，2013.

② 郭勤贵，马兰，杨佳媚．《大并购：互联网时代资本与战略重构》．机械工业出版社，2017.

③ 财政部会计资格评价中心．《高级会计实务》．经济科学出版社，2016. 肖太福．《企业并购法律实务》．群众出版社，2005.

（2）吸收型并购

吸收型并购指目标企业解散而为并购企业所吸收的并购。

（3）控股型并购

控股型并购指并购双方都不解散，并购企业收购目标企业至控股地位。此类并购绝大多数都是通过股东间的股权转让来达到控股目标企业的目的。

二、横向并购、纵向并购和混合并购

按照并购双方所处行业相关性，企业并购可以划分为横向并购、纵向并购和混合并购。

（1）横向并购

横向并购（即水平并购）指并购双方处于相同或相关行业，生产经营相同或相关的产品的企业之间的并购。

（2）纵向并购

纵向并购（即垂直并购）指优势企业将与本企业生产和销售过程处于产业链的上下游、相互衔接、紧密联系的企业并购过来，形成产业纵向一体化。根据并购企业与目标企业所在产业价值链中的相对位置，纵向一体化又可进一步细分为前向一体化并购与后向一体化并购两种方式。

（3）混合并购

混合并购指即非竞争对手又非现实的或潜在的客户或供应商的企业之间的并购。按照并购意图的不同，混合并购又可细分为：

①产品扩张性并购。即并购企业基于原有产品和市场基础，通过并购扩大产品线和经营范围，以达到增强企业实力的目的。

②市场扩张性并购。即生产经营相同（或相似）产品，但在不同的区域市场上销售的企业之间的并购，目的是扩大市场占有率。

③多元化性并购。即彼此之间业务上无关联关系的企业之间并购，目的是跨界进行多元化经营，以获取更大的经济效益。

三、善意并购和敌意并购

按并购是否取得目标企业的同意，企业并购可以划分为善意并购和敌意并购。

（1）善意并购

善意并购指并购双方通过协商谈判，被并购企业同意并接受并购企业的并购条件，承诺给予协助的一种并购。

（2）敌意并购

敌意并购指并购企业在遭到目标企业对其并购行为持反对态度，或者并购企业事先没有与目标企业协商的情况下，直接对目标企业强行进行的一种并购。其手段包括直接向目标企业股东开出并购价格或者发出收购要约。

四、直接并购和间接并购

按照是否有委托第三者出面进行收购，企业并购可以划分为直接并购和间接并购。

（1）直接并购

直接并购指并购企业直接向被并购企业提出并购要求，共同商定并购的各项条件，以协议的方式达成并购目的。直接并购分为向前并购和反向并购两种。向前并购是指目标公司被买方并购后，买方为存续公司，目标公司的独立法人地位不复存，目标公司的资产和负债均由买方公司承担；反向并购是指目标公司为存续公司，买方的法人地位消失，买方公司的所有资产和负债都由目标公司承担。

（2）间接并购

间接并购是指并购企业首先设立一个子公司或控股公司，然后再以子公司或控股公司名义开展并购活动。其分为三角并购和反三角并购两种方式。

三角并购是指并购企业首先设立一个子公司或控股公司，然后再以子公司或控股公司来兼并目标企业。此时，目标企业的股东不是并购企业，因此并购企业对目标企业的债务不承担责任，而由其子公司或控股公司负责。并购企业对目标企业的投资是象征性的，资本可以很小，因此又叫作空壳公司（sell subsidiary），其设立的目的完全是为了资本运作而不是经营。

反三角并购相对比较复杂，并购企业首先设立一个全资子公司或控股公司，然后该子公司被目标企业并购，并购企业用其拥有其子公司的股票交换目标企业新发行的股票，同时目标企业的股东获得现金或并购企业的股票，以交换目标企业的股票。其结果是目标企业成为并购企业的全资子公司或控股公司①。

五、现金购买资产、现金购买股票、股票换取资产和股票互换

按照并购支付的方式，企业并购可以划分为现金购买资产式并购、现金购买股票式并购、股票换取资产式并购和股票互换式并购等②。

（1）现金购买资产式并购

现金购买资产式并购指并购企业用现金购买被并购企业全部或绝大部分资产所进行的一种并购。

（2）现金购买股票式并购

现金购买股票式并购指并购企业用现金购买被并购企业的股票所进行的一种并购。

（3）股票换取资产式并购

股票换取资产式并购指并购企业向被并购企业发行股票，以换取被并购企业的相应资产的一种并购。

（4）股票互换式并购

股票互换式并购指并购企业直接向被并购企业的股东发行股票，以换取被并购企业的股票的一种并购。

（5）其他混合支付式并购

其他混合支付式并购是指并购企业利用多种支付工具的组合，达到获取被并购企业控制权的并购方式。

六、杠杆并购和非杠杆并购

按照并购企业并购资金来源，企业并购可以划分为杠杆并购和非杠杆并购。

（1）杠杆并购

杠杆并购指并购企业通过金融信贷所融资金对被并购企业进行并购，并以被并购企业未来的利润和现金流偿还所融资金的并购方式。一般而言，在收购

---

① 韩复龄.《投资银行学（第2版）》. 对外经济贸易大学出版社，2014.

② 肖太福.《企业并购法律实务》. 群众出版社，2005.

所需要的全部资本构成中，收购者自有资本大约只占收购资本总额 10% ~ 15%，银行贷款占收购资本总额的 50% ~70%，发行债券筹资占收购资本总额的 20% ~40%。

（2）非杠杆并购

非杠杆并购指并购企业利用自有资金对被并购企业进行并购的方式。

七、产业资本并购和金融资本并购

按并购企业的身份，企业并购可以划分为产业资本并购和金融资本并购。

（1）产业资本并购

一般由非金融企业进行。并购的具体过程是取得目标企业的股权证券，或者直接投资，以便分享目标企业的产业利润。

（2）金融资本并购

一般由投资银行或非银行金融机构（如金融投资企业、私募基金、风险投资基金等）进行。有两种形式：一种是直接谈判，购买所有权，或增资扩股时购买股权；二是收购股票从而控股。不以谋求产业利润为首要目的，而是靠购入然后售出企业的所有权来获得投资利润。

八、生态链并购与 IP 式并购

按并购的新业态，企业并购可以划分为生态链并购和 IP 式并购。

（1）生态链并购

生态链并购是指并购服务于同一用户群体的企业，共享资源，共同发展。进行生态链并购的前提是生态链上至少拥有一个核心企业，其他企业依靠核心企业获得用户和实现盈利。这种并购模式在 TMT（电信、媒体和科技）行业特别显著，一家优秀的互联网平台/智能硬件企业的产品连接着大量的相关多元的产业资源。生态链并购的突出特点，是以核心企业为中心，以股权为纽带，形成某种生态链上的供应和销售体系，达到整个产业生态链成为一种战略联盟的目的①。

① 陈宝胜．资本运作六大实战类型及模式分析．融中财经（ID：thecapital）．

（2）IP 式并购

IP 是一个指称“智力创造”（creations of the mind）的法律术语，包括音乐、文学和其他艺术作品，发现与发明，以及一切倾注了作者心智的语词、短语、符号和设计等被法律赋予独享权利的“知识产权”（Intellectual Property）。

目前主流的 IP 类相关并购中，所有并购方企业根据所处行业与 IP 相关度大致可分为三类：

一是 IP 类企业，即原本就属于如动漫、影视、游戏等相关行业的企业。

二是影视上下游企业，如纺织服装、游戏、图像音像相关企业。

三是转型企业，即从其他行业向影视传媒进行跨界转型的企业。

九、股权并购和资产并购

从企业并购的法律关系的本质，企业并购只有两种：股权并购和资产并购①。

（1）股权并购

股权并购是指并购企业通过与被并购企业股东进行有关被并购企业权益的交易，使并购公司成为被并购企业的控股股东的并购行为。股权并购实务中可以表现为股权受让、增效入股、公司合并等具体操作模式。

（2）资产并购

资产并购是指并购企业通过受让被并购企业资产的方式，取得被并购企业的业务，取代被并购企业的市场地位，从而实现并购目的的一种并购方式。资产并购实务中可以表现为间接资产并购和直接资产并购两种模式。

第四节　并购中容易忽视的五大问题

美国科尔尼（Kearney）公司在 20 世纪 90 年代对全球 115 个并购交易的

---

① 张远堂．《公司并购实务操作》．中国法制出版社，2012.

调查表明，近60%的并购交易未能达到最高管理层预定的价值创造新目标。对未达到并购预定目标的案例调查与分析发现，并购的不同阶段对并购失败的风险影响程度是不同的，其中并购整合阶段对并购成功的影响程度最大为53%。国际专业投资银行认为，实行有效地并购整合，通常会提高20%的并购成功率①。当前我国企业海内外并购常见的问题如下：

①缺乏并购前系统的整合规划和风险应对方案及整合过程的有效执行与监管。

②并购期间，尤其是整合过程中忽视或不重视当地政治环境、社会文化及被并购企业文化的冲突与融合问题，包括当地人文、风俗、政治环境、被并购企业的管理风格、企业愿景、使命与价值观、员工行为模式，以及整合中出现的“私人障碍”因素。

③缺乏对并购双方协同效应的深入研究和思考，一味地追求并购后的财务指标与业绩对赌，未能围绕并购整合的管理协同、经营协同、财务协同、资源文化协同及企业发展、核心能力增强等并购整合协同动因而展开，导致轻重缓急不分。

④并购后的公司治理问题，主要表现在强强联合的并购中，并购方接盘之后，与被并购方原领导层权力过度、被并购方原股东的协同、被并购方自身经营与历史遗留及“或有事项”问题处理等对成功整合的影响②。

⑤对被并购企业的上市融资或战略性退出问题统筹考虑不足。

【案例2-1】千方科技并购宇视科技案例

千方科技收购宇视科技92.04%股权③

在全球市场竞争激烈、行业整合压力加大，安防行业的并购整合也愈加火热。国内安防企业在全球市场竞争中的优势越来越明显，海康、大华等已然跃居全球安防厂商前列，积极扩张海外市场的版图。

---

① 马克思·哈贝等著，张一平译.《并购整合》. 机械工业出版社，2003.

② 黄速建，令狐谙. 并购后整合：企业并购成败的关键因素. 经济管理，2003（15）.

③ 本案例由作者根据公开信息整理而成，仅为说明产业并购动因、交易模式、价值和启示，并不构成对案例中相关企业的任何评价。受到资料来源的限制，或有不准确的地方，敬请读者与内容相关者谅解。

一、并购概述

2018年2月9日，千方科技向标的公司（交智科技①，即宇视科技）除千方科技及人保远望以外的其他股东，即千方集团、建信鼎信、宇昆投资、宇仑投资、慧通联合、深圳创投、屈山等通过发行股份的方式购买其合计持有交智科技92.0435%股权。

二、并购背景

（一）安防产业正处于发展的黄金时期

（1）全球安防产业将迎来稳定发展

近年来，世界各国恐怖袭击、跨国犯罪等安全威胁事件屡屡发生，日益威胁社会稳定。在此大环境下，世界各国高度重视国家安全，加大对安防产业的投入，安防产业迎来稳定发展的黄金时期。根据Market Line数据，全球安防市场规模未来五年将持续增长，到2020年，全球安防市场年收入将达到3150亿美元。

（2）城市化进程和政策支持推动我国安防产业快速发展

随着城市现代化建设的加速发展，经济与文化交流日趋频繁，城市流动人口急剧增加，引发了城市的社会治安、重点区域安全防范等一系列城市管理问题，城市治安管理的日常防控和应对重大恐怖、灾害等特殊突发公共事件的安全防范压力也越来越大。

我国陆续出台了各项规范化和强制性政策，极大地促进了对安防和视频监控系统的需求。国家九部委联合推出《关于加强公共安全视频监控建设联网应用工作的若干意见》，明确提出到2020年，重点公共区域视频监控联网率达到100%，视频监控系统联网成了中期政策关注的重点。中国安全防范产品行业协会发布的《中国安防行业“十三五”（2016—2020年）发展规划》提出到2020年，安防企业总收入达到8000亿元左右，年增长率在10%以上。

（二）技术升级带动应用领域扩大，视频监控市场前景广阔

经过多年发展，我国安防技术和产品性能持续提升。随着技术的不断升级，视频监控系统在应用上已逐渐突破了最基本的安防功能，逐渐被用于满足

---

① 交智科技系为收购宇视科技而特别设立的主体，直接持有宇视科技100%股权。2016年12月，交智科技与香港宇视签署《股权购买协议》，约定交智科技以53550万美元的价格向香港宇视购买其所持的宇视科技100%股权。

信息采集、智能分析、指挥调度、远程管理等需求。未来基于视频应用的物联网加大数据应用，以人工智能、物联网技术、人脸识别和自动驾驶等为代表的前沿科技与视频监控不断融合，有可能成长为未来视频监控产业的“风口”，带来重量级的市场机会，未来市场前景广阔。

（三）标的公司为全球领先的视频监控产品和解决方案供应商

标的公司的实际运营实体是宇视科技。经过多年 IT 技术积累，宇视科技拥有涵盖了光机电、图像处理、机器视觉、智能识别、大数据、云存储及云计算等维度的前沿技术，并掌握了海量数据、高密高性能计算资源和深度学习算法等核心技术，开发出满足用户深度需求的产品及解决方案，为“可视智慧物联解决方案”“系列化智能型超感产品”“智能交通及车联网”等应用领域的布局奠定了坚实的基础。

（四）千方科技正积极开展“下一代智慧交通”的产业布局

千方科技初创于 2000 年，千方科技业务覆盖智能基础设施、智慧路网、智慧航港、汽车电子、智慧城市 · 交通脑等行业前沿领域，形成从产品到解决方案、从硬件基础设施到软件智慧中枢的完整产业链条，助力智慧交通、智慧安防行业的创新发展。在新的形势下，千方科技正积极开展“下一代智慧交通”的产业布局，拓宽产业链，在智慧感知、车路协同、智慧物联、无人驾驶等领域继续增强研发能力和技术储备，力争成为“下一代智慧交通”的引领者。

三、交易方案

（一）发行股份购买资产

千方科技拟向标的公司除千方科技及人保远望以外的其他股东，即千方集团、建信鼎信、宇昆投资、宇仑投资、慧通联合、深圳创投、屈山等通过发行股份的方式购买其合计持有交智科技 92.0435% 股权。交易完成后，千方科技将持有交智科技（宇视科技）95.3202% 股权①。经交易各方友好协商，交智科技 92.0435% 股权的交易价格为 433704.20 万元（100% 的股权评估值为 471609.14 万元）。发行股份购买资产的股份发行价格为 11.94 元/股（不低于定价基准日前 20 个交易日上市公司股票交易均价的 90%），不考虑募集配套资金部分新增股份，预计发行股份购买资产的股份发行数量为 363 股、236

---

① 交易完成前，千方科技持有标的公司 3.2767% 股权，人保远望持有标的公司 4.6798% 股权。

股、343 股。

（二）募集配套资金

千方科技拟采用询价方式向不超过十名特定合格投资者非公开发行 A 股股票募集配套资金不超过 57000 万元，不超过拟购买资产交易价格的 100%。

（三）业绩承诺及补偿安排

根据千方科技与千方集团、宇昆投资、宇仑投资、慧通联合、屈山等股东签订的《盈利预测补偿协议》，业绩承诺、补偿安排如下：

（1）业绩承诺

业绩承诺人（交智科技）承诺，2017 年度、2018 年度、2019 年度及 2020 年度承诺净利润分别不低于 32300 万元、40400 万元、50400 万元及 60400 万元。

（2）业绩补偿的方式

如果标的公司截至利润补偿期间内任一会计年度末的累计实现净利润数未达到累计承诺净利润数，业绩承诺人应优先以股份方式向千方科技进行补偿，股份补偿不足时，业绩承诺人应以现金方式向千方科技进行补偿。

四、并购的价值与启示

（一）进入快速增长的安防行业

随着全球安全形势的日益严峻及城市化进程的不断加速，安防的需求日益提升。标的企业在安防领域具备丰富的积累和重要的行业影响力。通过并购，千方科技能快速进入迅速增长的安防行业，分享行业增长红利。

（二）积聚核心技术，丰富产品研发基因

千方科技在智慧交通各行业应用研发领域具备深厚的积累，而标的公司在人工智能、机器视觉、大数据、云存储、智慧物联等领域掌握核心技术，双方的优质科技资源充分整合，能极大地增强上市公司的基础核心技术储备及研发能力，打通基础技术到行业应用的转化，进一步巩固上市公司在智能交通、车路协同、交通大数据、交通物联网、交通云等领域的技术领先优势。

（三）完善智能交通产业链，增强战略协同

千方科技主营业务集中于智能交通信息化及相关领域，在“城市、公路、民航、轨道”等交通领域具备良好的产业基础。标的公司（宇视科技）则专注于视频监控产品的研发，交通是其重要的行业应用市场，具备丰富的智能交

通产品积累。通过并购整合，千方科技能进一步丰富智能交通产品线，提升解决方案的竞争力，将优势的系统集成、运营业务与产品形成高度互补，进一步完善智能交通产业链。同时，标的公司也能依托上市公司的产业资源快速拓展交通行业应用，巩固在交通行业视频监控应用市场的领先地位。

第三章

一张图看清楚并购基本流程

第一节　并购流程图

企业并购是一个极其复杂的运作过程，从研究准备到方案设计，再到谈判签约，成交到并购后整合，整个过程都是由一系列活动有机结合而成的。企业并购涉及经济、法律、政策等方面的问题，不同性质企业的并购操作流程也不尽相同①。

企业并购基本流程一般包括战略准备、方案设计、谈判签约、并购交割、并购整合及并购评价步骤，具体如图 3 - 1 所示。

战略准备	方案设计	谈判签约	并购交割	并购整合	并购评价
制定并购战略	并购尽职调查	并购谈判	并购支付	整合团队进驻	并购效果评价
搜寻并购目标	并购估值	并购签约	并购交割	并购整合	并购退出（如有）
	交易结构条款				
	并购方案				

图 3 - 1　企业并购的流程图

以上基本步骤在执行过程中，会进一步分解为具体的子步骤，但考虑不同的企业、不同的并购类型、不同的并购标的，甚至不同的国家，其并购的具体操作环节是有差异的。如海外并购的战略准备中，一般会加入并购标的竞标环节。另外，有些并购活动，会简化或合并上述基本流程中的某些环节。

① 黄璐等．《企业并购实践教程》．北京大学出版社，2013.

第二节 并购活动六大核心环节要素

一、战略准备

战略准备阶段是并购活动的开始，为整个并购活动提供指导。战略准备阶段包括并购战略制定及并购目标搜寻。

（1）并购战略制定

企业应谨慎分析各种价值增长的战略选择，依靠自己或通过与财务顾问合作，根据行业状况、自身资源、能力状况及企业发展战略确定自身的定位，进而制定并购战略。并购战略内容包括企业并购需求分析、并购目标特征、并购支付方式及资金来源规划等。

（2）并购目标搜寻

基于并购战略中所提出的要求，拟定并购目标企业的搜寻标准，可选择的基本指标有行业、规模和必要的财务指标，还包括地理位置的限制等。而后按照标准，通过特定的渠道搜集符合标准的企业。最后经过筛选，从中挑选出最符合并购公司的目标企业。

二、方案设计

并购的第二阶段是方案设计阶段，包括并购尽职调查、估值及交易结构与条款设计等。

（1）并购尽职调查

尽职调查的目的，在于使买方尽可能地发现有关他们要购买的股份或资产的全部情况，发现风险并判断风险的性质、程度及对并购活动的影响和后果。

尽职调查的内容包括四个方面：一是目标企业的基本情况，如主体资格、治理结构、主要产品技术及服务等；二是目标企业的经营成果，包括公司的资产、产权和贷款、担保情况；三是目标企业的发展前景，对其所处市场进行分析，并结合其商业模式做出一定的预测；四是目标企业的潜在亏损，调查目标企业在环境保护、人力资源及诉讼等方面是否存在潜在风险或者损失。

（2）并购估值

在进行目标企业并购尽职调查之后，此时需要对目标企业的价值进行评估，即目标企业估值。这是非常关键的一步，交易价值有时会影响一项并购活动的成败。在进行估值时，首先要明确企业估值的基础，选择合适的估值方法，如基于资产的估值方法、基于市场的估值方法、基于收益的估值方法、EBITDA 倍数法及经济增加值法（EVA）等。

（3）交易结构与条款设计

交易结构与条款设计是并购的精华，并购的创新也经常体现在交易结构设计上。交易结构设计牵涉面比较广，通常涉及法律形式、会计处理方法、支付方式、融资方式、税收等方面。此外，在确定交易结构阶段还要关注可能出现的风险，如定价风险、支付方式风险、会计方法选择风险、融资风险等，争取在风险可控的前提下获得最大的收益。

（4）并购方案

在并购项目的尽职调查（商业、技术、财务、法律等）、并购项目的估值、并购双方交易结构与核心条款的设计等环节的基础上，整理形成项目并购的整体方案，建议包含并购之后的整合方案内容。

三、谈判签约

（1）并购谈判

并购交易谈判的焦点问题是并购的价格和并购条件，包括并购的总价格、支付方式、支付期限、交易保护、损害赔偿、并购后的人事安排、税负等。双方通过谈判，就主要方面取得一致意见后，一般会签订一份《并购意向书》（或称《备忘录》）。

（2）签订并购合同

并购协议应规定所有并购条件和当事人的陈述担保。它通常是收购方的律师在双方谈判的基础上拿出一套协议草案，然后经过谈判、修改而确定。

四、并购交割

并购交割是指并购协议签订后开始并购交易的实施，其明确的阶段标志为并购工商变更手续的完成。该阶段包括打款和交割、工商手续变更等。

五、并购整合

并购整合是指当收购企业获得目标企业的资产所有权、股权或经营控制权之后进行的资产、人员等企业要素的整体系统性安排，从而使并购后的企业按照一定的并购目标、方针和战略有效运营。

并购整合一般包括两个环节：一是整合团队的进驻目标企业；二是根据并购整合方案开展并购后整合工作。其中，并购后整合工作涉及战略整合、企业文化整合、组织机构整合、人力资源整合、业务流程整合、财务整合、信息系统整合等方面内容。

六、并购评价

任何事物都需要衡量，并购活动也一样。通过评价，可以衡量并购的目标是否达到，监控并购交易完成后公司的经营活动，从而保障并购价值的实现[①]。并购评价主要是对照并购战略、并购方案对并购达成的效果进行系统评价。如果有并购退出要求的，则需要对项目进行退出的评价工作。

【范本3－1】并购流程计划表

表3－1 ________股份有限公司并购流程计划表

阶段		工作内容	形成文件	参与人员
1. 并购准备阶段	1.1 梳理产业现状，明确并购需求及策略	梳理产业现状，提出并购建议	现状梳理报告	并购企业投资部
	1.2 并购目标的搜寻目标与筛选	目标企业的搜寻与筛选	—	并购企业投资部

① 并购流程六阶段模型．https://xueqiu.com/7317491453/28970775.

续表

阶段		工作内容	形成文件	参与人员
1. 并购准备阶段	1.3 初步尽职调查	与目标公司进行初步接触和了解，编制目标公司并购立项建议书	并购立项建议	并购企业投资部
	1.4 并购目标的初步评估	组织相关部门对并购目标进行初步评估	评估意见书	并购企业投资部
2. 并购意向阶段	2.1 起草合作意向书	根据并购战略和目标公司初步评估情况，起草合作意向书	—	并购企业投资部
	2.2 签订《并购意向书》	买卖双方共同就目标公司并购事项签署合作意向书	并购意向书	并购企业投资部
3. 方案设计阶段	3.1 成立并购项目组	组织相关人员成立并购项目组，负责整个并购过程的协调和谈判工作	—	并购企业投资部
	3.2 起草《尽职调查清单》	根据对项目的概况，起草《尽职调查清单》	尽职调查清单	并购项目组
	3.3 制订尽调工作计划表	与出让方协商，确定并购项目组进场尽职调查的工作计划及双方人员安排	尽调工作计划表	并购项目组、出让方
	3.4 开展尽职调查	目标公司根据《尽职调查清单》的要求搜集、整理、准备全部资料，并购项目组进场开展尽职调查工作	—	并购项目组
	3.5 出具尽职调查报告	根据尽职调查结果编制《尽职调查报告》	尽职调查报告	并购项目组
	3.6 编制投资方案	根据尽职调查报告，对目标企业进行估值，并起草投资并购方案及谈判策略	投资并购方案	并购项目组
4. 协议谈判阶段	4.1 开展并购谈判	根据投资方案与出让方就收购事宜进行谈判	—	并购项目组、出让方
	4.2 起草《投资协议》	根据双方谈判情况起草《投资协议》	投资协议	并购项目组
5. 协议签署阶段	5.1 履行协议签署的决策审批程序	双方就签署《投资协议》事项履行各自内部决策审批程序	相关决议、授权文件	并购项目组、出让方
	5.2 协议签署及交割	双方签署《投资协议》，并办理交割	—	并购项目组、出让方

续表

阶段		工作内容	形成文件	参与人员
6. 变更登记	6.1　起草股权转让变更登记相关文件	起草股权转让变更登记所需相关文件，如修改目标公司章程、目标公司新股东会决议文件、董事会决议文件等	相关变更登记文件	并购项目组
	6.2　签署股权变更文件	双方签署股权变更登记所需全部文件	—	并购项目组、出让方
	6.3　办理股权变更登记手续	双方共同办理股权变更登记手续	—	并购项目组、出让方
7. 并购整合	对目标公司进行整合	根据《投资协议》相关要求，对目标公司进行整合	—	并购整合团队

第四章

好的并购战略是成功并购的第一步

企业开展并购活动首先要明确并购动机与目的，并结合企业发展战略和自身实际情况，制定并购战略规划。企业有关部门应当根据并购战略规划，开展详细的信息收集和行业调研，为决策层提供并购决策的相关信息。

第一节　并购战略规划核心内容

并购战略规划的内容包括企业内外部环境分析、企业并购需求分析、并购目标的特征、年度并购总预算、并购支付方式和资金来源规划、并购风险分析等①。具体包括以下几个方面：

一、企业内外部环境分析。即根据公司中长期发展战略目标，认真梳理企业当前所面临的外部机遇和挑战及内部自身优劣势情况，重点对拟并购或进入的行业或领域进行研究分析，以明确内外部环境总体情况。

二、明确企业并购的目的。即希望从被并购企业那里得到什么，如资金、技术、设备、市场、品牌、生产工艺、优秀人才、管理经验等。

三、确定搜寻潜在目标企业的标准。如目标企业所属行业、行业影响力、企业规模、价格范围、当前盈利能力、增长率、核心竞争力、行业同类企业估值情况、目标企业地位、技术专利、市场营销网络、企业领导人风格、企业文化等。

四、选择企业并购的类型，资产并购还是股权并购，设计支付形式。

五、分析企业融资来源，如债务融资、权益融资、卖方融资或者出售资产等。

---

① 财政部会计资格评价中心.《高级会计实务》. 经济科学出版社，2016.

六、设置并购预值，如估值倍数、最高支付价格、董事席位、预期“对赌”条款等。

七、并购时间计划表。

八、并购战略风险及应对措施。

第二节 并购战略规划注意问题

一份好的并购规划是企业并购活动开展的基础，更是企业发展壮大的重要支撑。公司在制定并购战略规划时应当注意以下问题：

一、找准公司赖以扩张的核心价值。公司赖以扩张的核心价值就是公司主要依靠什么来实现自己的并购扩张，是公司的核心竞争力。公司应当根据自身、所处行业、经济技术环境等因素确定自己对外并购扩张的核心价值，从而扬长避短，挖掘自己的投资潜力，实现自己的并购战略。

二、长期目标与短期目标相结合。公司在制定对外并购规划时，应当根据其所处行业的现状和公司的现状明确公司发展的远大目标，以长期目标为统领，以短期目标的实现来支撑远大目标的实现。

三、要量力而行。公司在制定并购战略规划时，应当量力而行，不仅要考虑公司资金及融资的能力，还要考虑公司并购之后的整合能力与决策、管理能力及整体运作能力，不能盲目地进行并购扩张。

【范本 4－1】并购战略规划样本

________股份有限公司并购战略规划样本（节选）

一、相关背景

（1）政策驱动

2013 年 12 月 31 日，发改委与住建部《关于加快建立完善城镇居民用水阶梯价格制度的指导意见》，设市城市原则上要全面实行居民阶梯水价制度，具备实施条件的建制镇也要积极推进。

2015 年 4 月 2 日，《国务院关于印发水污染防治行动计划的通知》提出，要抓好工业节水，加强城镇节水，发展农业节水。

2016 年 2 月 24 日，国家发改委、能源局、工信部联合发布《关于推进“互联网 +”智慧能源发展的指导意见》促进水、气、热、电的远程自动集采集抄，实现多表合一。

2017 年 6 月 6 日，工信部发布《关于全面推进移动物联网（NB – IoT）建设发展的通知》提出，推广 NB – IoT（基于蜂窝的窄带物联网）在公共服务领域的应用。

（2）需求驱动

随着“智慧供水”和“两化融合”工作的推进，供水企业需求正在发生重大变化，以水表为中心的人工水费抄收与用水管理模式正在发生重大变化，以两化融合（即信息化与工业化融合）和智慧供水为中心的制水、供水和节水管理模式已逐步形成，即将成为供水企业今后业务发展的新模式。

（3）技术驱动

水表产品正处在机械水表和智能水表 1.0（带电子装置的机械水表）产品并存发展和使用阶段，并正在向智能水表 2.0（电子水表）产品阶段发展。目前一些主流的水表制造企业，将“互联网 + 智能水表 2.0 + 业务应用系统”作为未来的重点发展方向。

（4）企业战略驱动

水表产业是公司发展战略的重要组成部分之一。集团董事会向公司下达了《关于推进智慧能源产业发展的战略部署的指导意见》，要求各产业板块根据指导意见，加快落实。

二、产业总体状况

（1）智能水表产品及应用系统出现成倍增长

2010—2015 年，在下游行业的拉动下，我国水表行业的产量、需求量均保持平稳较快增长。2015 年，我国出口水表数量约为 2243 万台，出口交易值为 19108 万美元，比 2011 年度的 1718 万台和 15380 万美元分别提升了 30.6% 和 19.5%。

随着新技术、新工艺日趋成熟，智能水表以其数据采集、结算等方面的优势越来越受下游客户的青睐。2010—2015 年，我国智能水表产品及应用系统出现成倍增长，市场渗透率由 10.7% 上升到 18.2%。

（2）行业集中度呈现一定上升趋势

目前全国水表生产企业600多家。规模以上企业[①]50余家，主营业务收入上亿的企业近20家，规模前十的企业主营业务收入在1.3亿~8亿元，利润总额超亿元的有2~3家，行业平均毛利率30%左右，智能表明显高于机械表。从当前行业集中度看，CR4接近30%，由于水表的区域渠道壁垒，以及智能水表研发的技术壁垒，一些中小水表厂商在智能化潮流中被淘汰，行业集中度逐渐提高。行业代表企业有宁波水表、江西三川智慧、河南新天科技、连云港连利、宁波东海等。

（3）水表企业的服务模式正在发生改变

在水计量与人工水费抄收及管理方式迈向智能化、信息化、系统化的今天，水表企业服务模式正由当前仅向用户提供终端表计产品为主向提供“终端表计+测控系统+数据处理”的系统层级服务模式转变；水表使用功能也会随着服务模式转变而从单一用水计量功能向“用水计量+参数测量+数据远传+控制执行”等功能转变。

（4）水表市场预测

国家卫生计生委发布的《2014年中国家庭发展报告》显示，2014年中国有约4.3亿户家庭，其中，城市常住家庭户数2.6亿，农村家庭户数1.7亿。按照自来水供应实行“一户一表”制度，保守估计到2020年全国水表保有量将超过4亿台。中国计量协会水表工作委员会《我国水表行业“十三五”发展规划纲要》提出，“十三五”期间，智能水表（含智能应用系统）销售收入占全部水表销售比例的40%。2020年传统水表年产量逐步下降，带有抄表功能的水表产量4000万~5000万台（出口500万~1000万台），包括网络化管理系统在内年新增产值超200亿元。

三、产业并购规划

（1）并购目的

通过并购优秀的智能水表厂家，获取被并购厂家优秀的人才、管理经验、先进技术、销售网络等资源，快速补上公司水表产业短板。同时，与公司其他产业形成战略协同效应。

---

① 规模以上企业全称是规模以上工业企业，是一个统计术语。在不同的经济发展阶段，规模以上企业的含义也不一样，目前在我国，规模以上企业是指年主营业务收入在2000万元以上的工业企业。

（2）并购标准

在智能水表方面研、产、销一体化，尤其在技术研发、销售网络与客户资源方面优势明显，企业规模适中。具体如下：

①战略协同性强（技术、市场、制造、人才、原材料等）。

②规模适中，财务状况优良。

③企业处于快速成长期，如果具有某项核心技术或关键客户资源，可适度考虑快速成长前期的企业。

④认同并购方企业文化。

（3）投资并购、支付方式

以控股为主，可适度参股；支付方式：货币、股权等；交易模式：股权转让、认购增资、增效换股等。

（4）资金来源

以自有资金、二级市场融资及适量的银行贷款筹集资金。

（5）标的来源

①行业协会、同行、科研院所、竞争对手及客户推介。

②展会、技术论坛。

③第三方机构推介，如投资银行、基金公司、企业中介人、商业银行、律师、会计师、专业咨询顾问等。

四、风险与对策

（一）政策法律风险与对策

（1）政策法律风险

企业并购活动会直接受国家相关法律、法规和政策的影响与制约，主要包括国家的产业政策导向，扶持或者抑制企业并购行为的法律、法规等。企业并购行为如果与国家的产业政策和法律、法规背道而驰，是很难取得成功的。尤其是跨地域甚至跨境、跨国并购，所面临的情况必将更加复杂，更应当对拟并购企业所在地的上述相关情况做深入、细致的法律、政策分析与了解。

（2）对策

认真研究国家相关的法律、法规，确保在用好国家和地方政府的政策和法律优惠的同时，尽量避免决策失误，避免因政策和法律、法规不明或者变动等因素可能造成的并购风险。

（二）财务风险

（1）资金筹措与使用风险

主要表现为：

一是受宏观经济和企业短期经营业绩的影响，企业无法为实施并购筹集充足的资金。

二是对自身的实力，以及并购后的实力和发展前景、目标企业的财务状况等认识不足，甚至盲目乐观，导致并购实施后企业实力不升反降，缺乏后劲和偿债能力，甚至危及原企业的生存和发展。

（2）对策

充分利用集团资金池的优势，在实施并购前，做好充分的资金和财务准备，避免出现资金困难和财务风险，并规划好企业的长期发展目标，确保企业的盈利水平和偿债能力，以保证企业的平稳、健康发展。

（三）投资管理能力不足的风险

（1）投资管理能力不足的风险

主要表现为：

一是投资战略与计划制订能力不足。

二是投资过程控制能力不足。

三是投资风险的识别、标的估值与谈判能力不足。

四是并购整合与投后管理能力不足。

（2）对策

一是在充分借助专业团队力量的同时，引进或培养专业投资人员，同时加大对相关部门负责人投资并购专业能力的培训。

二是在具体的并购活动中，应当根据自身的生产经营定位、发展目标、长远规划等客观实际情况，制定一个尽可能详尽的、切实可行的并购目标和并购后的战略发展规划。同时，加强对投资并购过程的控制及投后项目的跟踪、指导与评估，确保投资项目达到预期的业绩。

第五章

筛选优质并购目标，签订意向书

第一节 并购目标搜寻流程框架

并购目标搜寻一般流程，具体如图 5－1 所示。

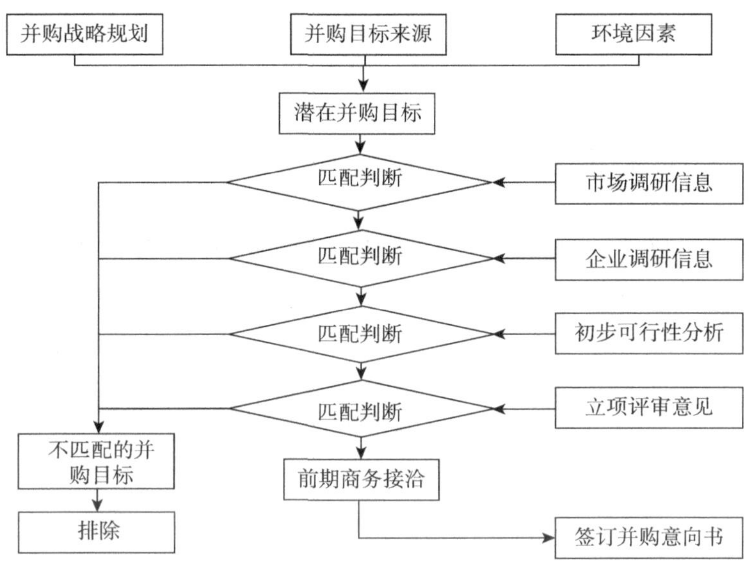

图 5－1 并购目标搜寻一般流程

第一，由并购方根据并购战略规划搜集相关信息，找到潜在并购目标，并对其进行原则匹配分析。若结果不匹配，则排除；若匹配，则进入下一步骤。

第二，从市场角度，对并购目标进行前期调研和匹配分析。若不匹配，则排除；若匹配，则进入下一步骤。

第三，从并购目标内部角度，进行调研和匹配分析。若不匹配，则排除；若匹配，则进入下一步骤。

第四，根据前期调研搜集的信息，对并购目标进行初步可行性分析。若不匹配，则排除；若匹配，则进入下一步骤。

第五，根据并购目标初步可行性分析资料，编制立项报告，并进行内部立项评审。若立项评审不匹配，则排除；若匹配，则进入下一步骤。

第六，根据立项报告和评审意见，与并购目标进行并购前商务接洽，签订并购意向书①。

第二节 并购目标筛选需要遵循的标准与原则

一、并购目标筛选标准

在目标选择的初始阶段，根据并购战略规划对拟并购目标的筛选标准进行进一步的清晰和明确，可以在很大程度上增加找到恰当目标的成功率。由于企业的并购决策出于不同的目的和动机，并购标准一般有如下几条②：

- 目标企业及其所处的行业的规模和特征。
- 目标企业产品的市场发展前景和期望市场增长率。
- 目标企业所占市场份额。
- 目标企业所面临的竞争。
- 目标企业的技术状况及其竞争者取得或模仿其技术的程度。
- 目标企业服务的竞争优势。
- 并购者所需要的投资及其收益率。
- 目标企业的财务状况。
- 目标企业管理层、技术人员和其他关键人员的状况。
- 并购者获得和保持目标企业业务的能力。
- 并购方可以接受的价格范围。

---

① 杨志斌．并购目标企业选择及价值评估案例分析．华中科技大学，2006.

② 并购目标企业的选择及估价．https://doc.mbalib.com/view/7ec9f9267bae292bb6327c52981ac548.html.

【范本5－1】企业理想并购标准

某世界500强企业理想并购标准：

- 与主营业务生产、销售协同性强。
- 具有相当的品牌知名度和消费忠诚度。
- 能从公司的营销网络和资源能力中获益。
- 处于成长性的市场中。
- 在区域市场处于领先地位。
- 销售毛利率不低于30%。
- 净资产收益率不低于10%。
- 被收购后利用收购方资源可以获得大幅销售增长。
- 拥有一个优秀的且在成交后愿意继续留任的管理层。
- 交易价格的P/E不高于15倍、市值/EBIT不高于10倍等。

二、并购目标筛选原则

选择目标企业并没有一套固定的模式和要求，每一个并购方都可以根据自己企业的状况和自身的实力去选择。一般情况下应遵循以下几个原则：

（1）协同效应最大化

协同效应，简单地说，就是“1＋1＞2”的效应。没有协同效应，并购的价值就无法体现，如果与并购目标不能产生协同效应，那么该目标不是理想的并购对象。

（2）符合公司总体战略

并购活动是围绕公司战略开展的，因此对目标公司的选择也要站在公司战略的高度来考察。

（3）有利于整合的顺利开展

并购后的整合能否顺利开展要从选择目标公司时就开始考虑，如果目标公司很容易被收购，但不容易被整合，那么该公司也不是合适的并购对象。

（4）风险最小化

并购会面临较大的风险，为使并购风险最小化，对目标公司的选择尽量是无风险或风险可控的对象。

（5）价值链的互补性

并购双方价值链的互补性是公司并购后获得竞争优势的主要前提，因此在选择目标公司时要充分考虑双方价值链的互补性问题。

第三节 如何持续获得优质的并购标的

拥有成熟而广泛的并购目标来源渠道是企业并购活动得以顺利进行的基础。并购方接触到的目标企业越多，则其实现并购的机会越多。从不同的渠道获得的并购目标信息的质量是不同的。对于并购方企业来说，其并购目标信息来源渠道主要包括①：

- 行业组织、行业专家。
- 行业会议，如展览会、行业论坛、投融资会议、海创会、路演等。
- 政府机构，如金融办、上市办和科技园管委会。
- 科研院所、高校等学术机构。
- 合作的第三方机构，如律师、会计师、财务顾问、投行、银行机构。

通常行业组织及行业专家提供的目标信息质量较高。行业组织或行业专家往往对行业上下游各个环节的企业的发展现状、引入战略投资者的意向及发展前景比较熟悉，能够根据并购方的并购需求，推荐较为精准的并购目标企业。

行业会议，如展览会、行业论坛、投融资会议、海创会、路演等，可以在短时间内迅速获得大量并购目标信息，但信息质量往往良莠不齐。参加行业会议可以帮助并购方扩展关系网络，增加与其他企业接触的机会。

第三方机构，如律师、会计师、财务顾问、投行、银行机构。有时也可以提供质量较高的并购目标信息，第三方机构既可以代表卖方，也可以代表买方，并从其代表的一方那里获取相应的报酬。

---

① 欧阳良宜．《私募股权投资管理》．北京大学出版社，2013.

有时，并购方的高管人员、旗下控股公司、上下游合作伙伴等也会主动开发或提供并购目标信息。在国内，与各地政府的招商部门、开发办公室、金融上市办、科技局、经信委、高新区管委会或产权交易所、全国中小企业股份转让系统等保持积极的联系，也会获得有吸引力的并购目标。

科研院所、高校等学术机构，也是并购目标的来源之一。

Gartner 公司发布的年度新兴技术成熟度曲线，也是值得重点关注的新技术领域并购目标来源参考。Gartner 认为，2019 年新兴技术成熟度曲线展现未来 5 ~ 10 年对商业、社会和民生产生重大影响的技术，主要呈现五种趋势：感知和移动性、人类增强、后经典计算与通信、数字生态系统、高级 AI 和分析。

第四节　通过前期调研，进一步判断并购标的投资价值

并购方专业人员通过不同的来源渠道，获取潜在的并购目标企业之后，接下来需要对拟并购目标开展初步梳理、行业调研、企业调研、编制初步投资分析报告和投资立项报告，并进行立项评审、签订并购意向书等系列工作。

一、并购目标初步梳理

并购目标企业的初步梳理，主要是了解目标企业过去曾做过什么？（怎样做的？结果如何？）未来打算做什么？（如何去做？期望如何？）与并购方企业之间的协同？（战略、人力、技术、价值链等）。

（一）企业经营的历史与现状

目标企业的经营历史和现状可以反映两个方面的重要信息：一是企业是如何定义和发展自己的业务；二是目标企业历史财务报表数据。

如果一个定义清晰地表述了企业所在行业（及细分行业）、产业链位置、产品或服务及与竞争对手的差异性、目标客户、市场地位、盈利模式、企业家

愿景，等等，是一个企业可持续发展壮大的前提和基础，也是并购方在选择和判断目标企业时特别看好的因素之一。

初步对目标企业的法律状况进行梳理，包括：

- 了解公司的营业执照、注册资本、出资方式、出资到位情况、股权结构状况、公司组织架构、高管人员情况。
- 查看公司的章程、合同、财务所有权及投保状况、对外租赁资产状况、对外投资担保状况、对外书面合约。
- 了解公司债务状况、诉讼案件等。

历史财务报表的重要性不言而喻，在前期调研阶段，并购方十分重视与交易估值有关的数据，如各种财务比率、资本结构、经济增加值（EVA）、EBITDA（利息、税、折旧、摊销前收益）或净利润等。其他如应收账款、存货变化、债务等影响企业未来现金收支的项目也会关注。相反，目前很多企业在对外并购投资业务中，更多地强调协调和互补效应，而不特别强调办公楼、厂房、车间面积等固定资产的规模，对技术、市场、品牌、人力、客户等资源类能力倾向性更大。

（1）企业各种财务指标

- 反映企业变现能力的财务指标，如流动比率和速动比率。
- 反映企业营运能力的财务。分析比率指标，如存货周转率、应收账款周转率、营业周期、流动资产周转率和总资产周转率等。
- 反映企业债权人、投资者、经营者和与企业有关联的各方面都十分关注的长期偿债能力财务指标，如资产负债率、产权比率、权益乘数、长期资本负债率、利息保障倍数、现金流量利息保障倍数、现金流量债务比。
- 反映盈利能力财务比率，如销售净利率、销售毛利率、总资产净利率、权益净利率。

（2）资本结构

资本结构是指企业各种资本的价值构成及其比例关系，是企业一定时期筹资组合的结果。资本结构既是决定企业综合资本成本的主要因素，又是反映企业财务风险程度的因素，对企业盈利能力产业关键的影响。对企业资本结构的分析，主要通过分析目标企业的经营杠杆系数、财务杠杆系数、总杠杆系数等指标，了解企业经营风险、财务风险与总风险。

（3）经济增加值

EVA（Economic Value Added）是美国思腾思特管理咨询公司开发并于 20 世纪 90 年代中后期推广的一种价值评价指标。EVA 是指从税后净营业利润中扣除包括股权和债务的全部投入资本成本后的所得。其核心是资本投入是有成本的，企业的盈利只有高于其资本成本（包括股权成本和债务成本）时才会为股东创造价值。

（4）税息折旧及摊销前利润（EBITDA）

EBITDA（Earnings Before Interest, Taxes, Depreciation and Amortization），即税息折旧及摊销前利润，被认为是衡量公司表现的重要指标。

EBITDA = 息税前利润（EBIT）+ 折旧费用 + 摊销费用

（二）企业未来的发展计划

企业未来的发展计划，具有战略性、前瞻性，反映了企业未来发展的方向和目标。是企业领导人对行业发展趋势和企业的市场精准定位。拥有清晰的发展计划将有助于获得战略资本的青睐，提升并购交易的成功率。

（三）并购双方企业之间的协同

协调效应是企业对外并购投资的主要动因之一，在前期调研过程中，并购方会从价值链上下游角度对并购双方的协同性进行评判，如战略协同、技术协同、市场协同、人力协同、生产制造协同等。

（四）融资额与股权比例

并购方通过与拟并购目标企业前期调研，了解其计划融资金额和出让的股权比例，了解目标企业的整体股权结构及其他股东状况。投资额与获取和股权比例反映了目标企业对自身现有业务的估值。估值方式可以根据股票市场同行上市公司的股票价格来估值，即“公司价值 = 市盈率 × 净利润”，也可以根据目标企业未来收益法的估值①。具体可见后续章节相关内容。

对处于发展早期阶段的企业，由于没有充足的历史业绩可供参考，通常采用以下公式估算企业的价值，即资金投入前价值和资金投入后价值。

资金投入前价值是指新增资本投入企业的价值，其计算公式为：

① 叶有明．《股权投资基金运作——PE 价值创造的流程》（第二版），复旦大学出版社，2012.

资金投入前价值 = 原有股份总数 × 新股价格

资金投入前价值 = 资金投入后价值 − 新增资本金

资金投入后价值是指包含了融资增加的资本金金额的企业价值，其计算公式为：

资金投入后价值 = 新增投资额/获得的股份比例

资金投入后价值 = 总股份数（包括原有的和新增的）×新股价格

其中，新股价格 = 新增投资额/新发行的股份数

二、行业/市场调研

（一）市场概览

（1）产业链

产业链是产业经济学中的一个概念。从广义上讲，是指一种或几种资源通过若干生产流通环节抵达终端消费者的路径。根据企业自身的产品或服务的定义，可以确定该企业所处的产业及产业链的具体环节，进而可以确定上游（供应）、下游（需求），以及互补品与替代品。产业链分析对于后面的细分市场与竞争分析有很大的帮助。

（2）市场容量

市场容量是指在不考虑产品价格或供应商的策略的前提下，市场在一定时期内能够吸纳某种产品或劳务的单位数目。通常来说，也就是市场需求量。

企业未来的发展空间取决于两个方面：一是企业市场份额不变的情况下，市场容量持续增长；二是企业所在市场总容量不变的情况下，企业市场份额增加。市场容量束缚了企业的成长边界，为了企业的成长，必须选择足够大的市场舞台。

市场容量是从需求方面对市场规模的描述，其要素内容包括：

- 时效性。市场容量是某一特定时期内的需求量。
- 地域性。如全球市场，或国内市场。
- 可量化。市场容量用定量化指数来表示。
- 可预测性。可以从过去连续的实际市场容量数据中，预测未来市场容量的变化趋势。

（3）行业生命周期

通常每个行业都要经历一个由成长到衰退的发展演变过程，这个过程便称为行业的生命周期。一般包括幼稚期、成长期、成熟期和衰退期四个阶段。但在新技术的融入和驱动下，有些进入衰退期的行业又重新焕发生机，进入新一轮行业生命周期的发展过程中，如自行车行业、蜡烛行业、钟表行业，等等。

行业生命周期各个阶段均有各自的特征，通过相关特征来识别不同的周期阶段还是有一定的可行性的。行业生命周期主要指标有：市场增长率、需求增长率、产品品种、竞争者数量、进入壁垒及退出壁垒、技术变革、用户购买行为等。如图 5 – 2 所示。

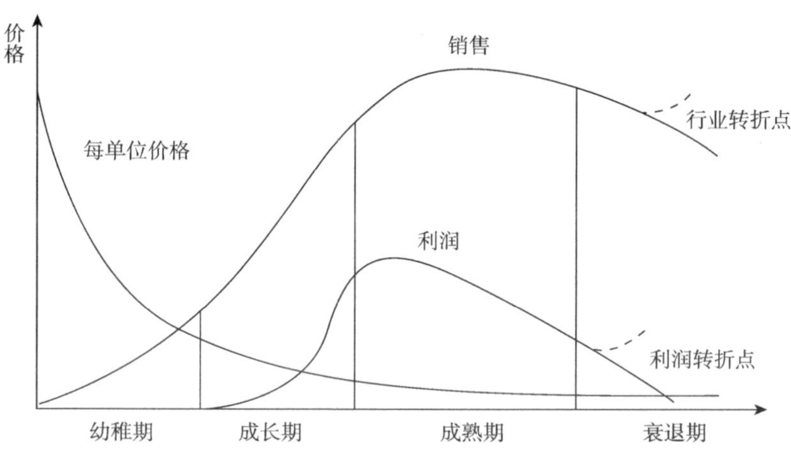

图 5 – 2　行业生命周期各阶段“价格—销售—利润—风险”图①

幼稚期：这一阶段，由于新行业刚刚诞生，行业内公司数量不多，且多数为初创型公司。由于行业内公司的研发费用较高，技术暂时不成熟，且新产品市场认知度不高，需求较少，导致行业内大多数公司盈利处于亏损状态，行业风险很大。

在幼稚期后期，随着行业生产技术的成熟、生产成本的降低和市场需求的扩大，新行业更逐步由高风险、低收益的幼稚期迈入高风险、高收益的成长期。

① 证券投资分析．中国金融出版，2012.

成长期：行业成长期一般分为两个阶段，即成长期初期和成长期中后期。在成长期的初期，企业的生产技术逐步成形，市场认可并接受了行业的产品，产品的销量迅速增长，市场逐步扩大，然而可能仍然处于亏损或者微利状态。进入成长期中期后，企业的产品和劳务已为广大消费者接受，销售收入和利润开始加速增长，新的机会不断出现。在这一时期，拥有较强研究开发实力、市场营销能力、雄厚资本实力和畅通融资渠道的企业逐渐占领市场。这个时期的行业增长非常迅猛，部分优势企业脱颖而出，此阶段的投资回报率也是较高的。

由于市场的高速增长和较高的投资报酬率，会吸引行业内的企业扩大产能、行业外的企业跨界进入，从而加大行业内的竞争程度。市场需求趋向饱和，产品的销售增长率减慢，迅速赚取利润的机会减少，整个行业开始进入成熟期。

成熟期：行业的成熟期是一个相对较长的时期。具体来看，各个行业成熟期的时间长短往往有所区别。一般而言，技术含量高的行业成熟期历时较短，而公用事业行业成熟期持续的时间较长。

进入成熟期的行业，整个市场的生产布局和份额在相当长的时期内处于稳定状态。厂商之间的竞争手段逐步从价格手段转向各种非价格手段，如提高质量、改善性能和加强售后服务等。行业的利润由于一定程度的垄断达到了较高的水平，企业现金流情况较好，风险也因市场结构比较稳定、新企业难以进入而相对较低。

在行业成熟期，行业增长速度降到一个适度水平。在某些情况下，整个行业的增长可能会完全停止，其产出甚至下降。当然，由于技术创新、产业政策、经济全球化等原因，某些行业可能会在进入成熟期的后期迎来新的增长。例如典型的自行车行业市场（共享单车），通过与移动互联网技术相结合，又重新焕发生机；传统的蜡烛市场，因为成为欧洲高端室内装饰，而进入新一轮的行业生命周期。

衰退期：这一时期的市场增长率下降，需求下降，产品品种及竞争者数目减少。

并购方人员可以根据行业生命周期理论，仔细研究拟并购目标企业所处的行业生命周期阶段，跟踪考察该行业的发展趋势，分析行业的投资价格和投资风险。但要注意，有时要确定行业发展处于哪一阶段是困难的，识别不当，容易导致战略上的失误。因此，应将行业生命周期分析法与其他方法结合起来使用，才不至于导致分析片面性①。

（4）行业平均利润率

行业平均利润率反映了行业整体的发展阶段。处于成长阶段的行业会有较高的平均利润率，并吸引新的投资者进入；细分行业的平均利润率也受到其所处的产业链或价值链的位置的影响。对于制造类企业而言，根据“微笑曲线”理论，产业链前端的设计研发阶段的平均利润率较高、产业链后端的商业模式、运营服务平均利润率较高，而中端的产品制造的平均利润率较低。

行业平均利润率为评价目标公司的盈利水平提供了参照，获取超过行业平均利润率的企业往往具有更高的投资价值。

（5）市场驱动和限制因素

市场驱动因素是指那些在中长期内推动市场容量持续增长的因素，主要有需求、供给或政策等因素。如新生人口的增长和人口老龄化趋势带来的婴幼儿市场和老年人医疗保健市场需求的增长；收入的增加和生活水平的提高，带来的旅游、影视、文化、娱乐产业的发展机会；近年来我国北方地区“煤改电、煤改气”促进燃气计量市场需求持续增长。

市场限制因素，如受消费习惯、消费偏好影响，两厢轿车在海外市场畅销的产品，在国内的市场容量增长缓慢。还有一些受地理、环境等条件制约，电动汽车的市场发展同样受到一定的影响。

（6）政策影响

政府制定的产业、行业准入、税收、进出口、环保等政策及其执行力度都会对市场产生影响。这一影响往往会导致短期内的市场冲击和中长期的结构性影响。

如“二胎”政策，短期内将会对婴幼儿市场造成一定的冲击，中长期会对我国儿童教育、人口结构等产生影响。同样，环保产业政策将限制高耗能行业、高污染行业，而对太阳能、风能等新能源产业产生有利影响。

（二）竞争分析

竞争分析主要是运用哈佛商学院教授大卫・亚非的“六力模型”，对拟并

---

① 中国证券业协会．《证券投资分析》．中国金融出版，2012．行业生命周期理论．MBA 智库百科．

购目标公司在市场中所面临的竞争格局/态势进行分析。如图 5－3 所示。

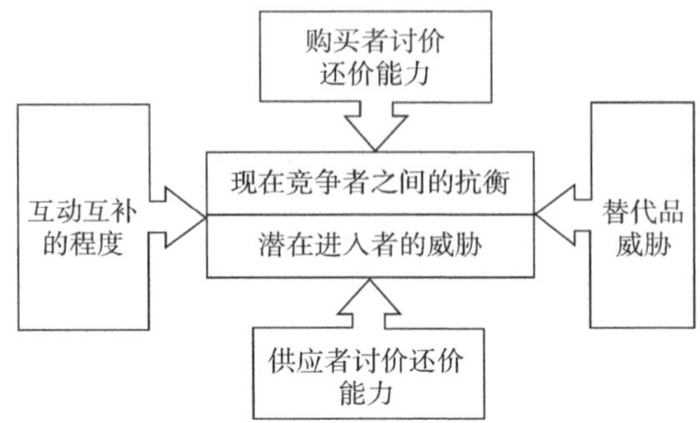

图 5－3 影响企业利润的六个要素

（1）潜在进入者的进入威胁

当行业平均利润率大大超出社会平均利润率时，将吸引新的投资者进入。新的厂家的进入可能导致与现有企业就上游资源与市场份额展开竞争，同时将减少现有厂商的利润：一是瓜分原有市场的份额；二是减少市场集中，从而激发现有企业间的竞争，减少价格－成本差。

（2）替代品的替代威胁

处于不同行业或不同细分行业中的企业的产品可能互相替代。替代品的存在会通过影响客户的消费选择而影响现有企业的竞争策略与竞争格局。如对于功能接近且技术更先进、使用更便捷的替代产品时，客户很容易转向购买替代产品，而放弃购买现有企业的产品。

（3）产业内竞争者的竞争威胁

产业内竞争者的竞争是指一个产业内的企业为市场占有率而进行的竞争。这种竞争通常是以价格竞争、广告战、产品引进，以及增强对消费者的服务等方式表现出来。

下列情况通常会导致现有竞争者之间的竞争更加激烈：

- 行业趋于成熟，市场容量增长放缓。
- 行业内竞争者的产品或服务同质化严重。
- 行业门槛较低，退出成本较高。
- 行业内竞争者实力相当，市场重合度较高。

（4）供应者、购买者讨价还价的能力

对某一特定的企业而言，其上游供应者与下游的购买者的讨价还价的能力，对企业的生产规模、盈利能力与竞争力有重要影响。

- 当买方的购买力越集中，或上游资源由少数几家公司掌控，则其（买方或卖方）讨价还价的能力越强。
- 供应者的产品差异化程度越大，且没有可替代的产品时，供应者的讨价还价能力就会增强。
- 企业的一体化程度（后向一体化或前向一体化）越大，则上下游供应者和购买者的讨价还价能力就会减弱。
- 企业对上下游市场信息的掌握程度越大，则将削弱其上下游供应者和购买者的讨价还价的能力。

（5）互动互补程度

任何一个产业内部都存在不同程度的互补互动（指互相配合共同使用）的产品或服务业务，如交通、地段、学校、物业管理、社区管理等对房地产行业的影响等。

（三）行业/市场调研建议

行业调研是基于中观层面（或行业层面）的、对行业发展趋势的初步分析和判断。并购方通过对拟并购目标所处的行业进行调研之后，提出初步的行业调研意见，并给出是否继续开展后面相关工作的建议。

三、企业调研

（1）企业管理层交流

企业调研是并购前期的一项重要活动之一。对拟进一步跟进的拟并购目标，并购方一般会与目标公司的企业主或高层管理人员进行会谈。此外，并购方也可能通过拜访行业协会组织、行业内的专家、目标公司的供应商及客户等方式进一步了解目标公司的市场地位、行业竞争力及客户满意度等。为提高拜访的有效性，并购方通常会拟定一份拜访提纲，罗列需要了解的相关问题清单，同时会现场对目标企业进行参观考察，实地了解目标企业主营业务、核心产品、关键技术、市场渠道、股权结构、财务状况/企业文化、厂容厂貌、员工精神状态、现场管理、工艺流程等。拜访考察结束后，一般会撰写“考察备忘录”，及时整理收集的信息，提出判断意见。

与目标企业的管理层会谈，可以初步了解其关键管理人员的风格、经验与能力，企业财务状况，以及他们对行业发展趋势和对企业发展战略的理解。通常企业的经营决策如何做出、企业的关键技术是否掌握在少数人手中、关键人员的年龄、企业的应收账款构成、主要客户的付款条件、供应商与购买者的议价情况、行业的潜规则、交货周期、营销渠道、企业的社会关系等，都会对并购方的判断产生重要影响。

（2）企业现场考察

企业现场考察可以从目标企业的车间布局、工艺流程、现场管理、仓储管理、安全生产、物流组织、质量控制、检验监测，到企业文化、精神风貌、环境卫生等角度，获得第一手的真实信息，进一步验证管理者访谈时的判断。通过现场考察也可以把重点放在资源和能力上，更好地寻求并购双方的协同点，为后期并购价值创造奠定基础。

（3）上下游初步调查

通过对并购目标上游供应商和下游客户的随机调查，可以了解到供应商和用户对目标公司的付款能力、信誉、产品、售后服务等的客观评价，验证目标公司与客户间交易的真实性。这种方式有时也会遇到目标公司事先安排好的“自己人”现象，因此上下游调查获得的信息，需要与其他手段获得信息相互验证，更大限度地接近目标企业的真实情况。

（4）企业内部初步调查

企业内部初步调查通常会采用“内部调查清单”形式，以获取并购目标企业更多的信息。企业内部初步调查，可以先期发现并购目标企业可能存在的潜在风险，避免继续花费高额的费用聘请第三方专业机构开展后续的尽职调查工作。后面附上的“××公司内部调查清单的样本”供读者参考。

（5）编制投资初步分析报告

并购方根据对并购目标企业所在行业/市场的调查及企业内部调查的基础上，对获取的相关资料进行整理，起草一份投资初步分析报告，进一步明确对并购目标企业实施并购是否具有一定的可行性。

【范本 5 –2】投资价值初步分析报告

________有限公司项目投资价值初步分析报告样本

（一）项目概要

项目名称、项目建设背景、目标公司出让股权的原因、项目前期沟通进展情况、目标公司资源优势或特点。

项目投资价值、投资方案、盈利目标。

（二）投资必要性分析

根据市场调查及预测的结果，论证项目投资的必要性。

论述项目的实施对于公司增强核心竞争力，产业链优化和取得协同效应，或者避免损失等方面有重要作用。主要有以下几个方面：

- 在实现公司战略目标等方面的作用。
- 增强公司核心竞争力的战略意义。
- 对于公司或某一区域产业链优化，解决发展瓶颈等方面的作用。
- 给公司带来的经营协同效应，主要指收购后因经营活动效率提高所产生的效益，包括收购产生的规模经济、成本降低、优势互补、市场份额扩大、更全面的服务等。
- 给公司带来的管理协同效应，主要指收购后因管理效率的提高而带来的收益，包括收购后引进先进技术及管理方法和培养人才等。
- 给公司带来的财务协同效益，如税收优惠、合理避税等。

（三）目标公司情况

（1）基本情况

- 公司名称、地址、注册资本、成立日期、经营期限、法人代表、公司性质等。
- 公司股权结构及主要股东情况。
- 公司历史沿革。
- 公司的经营范围和主营业务情况、各分支机构。
- 公司组织结构、法人治理结构，股东会、董事会、监事会和管理层有关情况。
- 公司人力资源情况，包括经营管理人才和技术人才。

- 企业形象和企业文化。

（2）资产状况

包括资产概况、规模和主要内容。

土地、房屋建筑物、机器设备、无形资产（如特许经营权）等。

（3）财务状况

根据目标公司近三年的财务报表，对资产总额、净资产规模、流动资产、负债总额、盈利能力、现金流等相关指标及存在的问题进行分析。

（4）经营状况

包括生产的产品（服务）、主要经营业绩、竞争力、主要客户情况、利润水平等。

生产的技术水平、经营管理水平及经营管理中存在的现实和潜在风险。

目标公司投资情况、资信状况等。

（四）行业分析

行业当前的市场容量、市场规模、发展速度、竞争状况和竞争趋势。

主要企业规模、财务状况、技术研发、营销状况、投资与并购情况、产品种类及市场占有情况等。

产业链分析：行业主要上游产业的供给情况，主要原材料的价格变化及影响因素；消费者及下游产业对产品的购买需求规模、议价能力和需求特征等。

进出口市场：行业产品进出口市场现状与前景。

产品市场情况：产品销售状况、需求状况、价格变化、技术研发状况、产品主要的销售渠道变化影响等。

重点区域市场：主要企业的重点分布区域、客户聚集区域、产业集群、产业地区投资迁移变化。

与国外企业在技术研发方面的差距，跨国公司在中国市场的投资布局。

（五）项目评估

在选定目标公司，了解和分析目标公司的财务状况、风险状况等基础上，进行价值评估。价值评估方法有收益法、市场法和成本法等。对同一评估对象需要同时采用多种评估方法的，应当对采用各种方法评估形成的初步评估结论进行分析比较，最终确定评估结论。

（六）项目实施方案

（1）投资方案

根据初步调查收集的信息，拟定可能实施的股权投资方案，包括股权投资比例、交易对价、投资方式（现金、置换或换股）、业绩承诺、生效先决条件、协议生效时间安排、股份交割安排、违约责任安排、管辖法律及司法管辖权、争议解决方式等。

（2）股权投资方案的法律意见

法律意见书应根据所占有的资料和分析结果，提示相关的法律风险和避免法律风险的途径和方法。包括投资前目标公司债权债务，有无涉及抵押、担保、诉讼、仲裁等，投资前债权债务的安排及承诺；合同履行过程中是否有法律及政策障碍、土地权证办理等。

（3）实施计划

根据实施计划内容安排计划进度，包括签订收购合同、缴纳出资、修改公司章程、办理工商变更登记等。

确定计划进度的节点，编制实施计划进度表。

说明公司资金来源、出资额支付计划及纳入公司年度投资计划建议等。

（七）投资风险及对策

投资风险是指在特定条件下和特定时期内，客观存在的导致投资经济损失的可能性。主要是通过调查了解有关投资风险情况，分析影响股权投资项目的关键风险因素，提出应对投资风险的建议和措施。

（1）投资风险

影响投资的风险因素主要包括：资源风险、技术风险、市场风险、资金（筹资）风险、财务风险、法律风险、经营管理风险、外汇风险、质量安全环保风险、政策风险、经济和社会风险因素等。

（2）应对措施

在对投资风险因素进行分析后，应提出风险防范建议和措施。

（八）结论

（1）研究报告的结论

对可行性研究中涉及的主要内容及研究结果，给出明确的结论性意见，提出项目是否可行，对不可行的项目，提出不可行的主要问题及处理意见。

（2）存在的问题

对可行性研究过程中存在的问题汇总，并分析问题的严重性及对各方面的影响程度。

（3）建议及实施条件

明确提出下一步工作中需要协调、解决的主要问题和建议，提出项目达到预期效果需要满足的实施条件。

第五节　并购目标前期评估

每个并购方企业通常都有一套经过实践检验的符合自己战略的投资并购标准，如行业偏好、最低投资金额、市场容量、市场地位、成长预期、双方协同、估价要求，等等。在行业研究和公司调查之后，并购方会根据其并购战略规划（重点是并购标准）来判断并购目标的取舍。对符合并购战略要求的目标企业，并购方会编制并购立项审批建议书，经内部评审通过后，与拟并购目标企业签订并购意向书，约定后续需要开展的相关工作事宜。

【范本5－3】项目立项评审表

表5－1　________有限公司项目立项评审表

项目负责人____________________　　　　　　日期____________________

项目名称		
项目基本情况		
项目企业基本情况	注册地址	
	成立时间	
	注册/实收资本	
	股本结构	**股东名称　　股份数量（万股）　　比例（%）**
	主营业务	
	其他	

续表

项目产品/服务基本情况	项目简单介绍	
	项目发展阶段	
	行业环境	行业的生命周期、行业的市场潜力、行业的集中度、行业壁垒、行业中的市场力量（竞争对手）
	规模增长速度	销售、资产、利润、高新技术产品
	规模增长质量	经营效益（近年平均销售毛利率、利润率、成本利润率、总资产报酬率） 经济效率（总资产周转率）
	增长的驱动因素	企业家能力、核心技术人员、技术创新能力、技术商品化能力、融资能力
	其他	
企业综合能力评述	研究开发能力	
	市场营销能力	
	企业管理能力	
	其他	

主要财务数据（单位：万元）			
	20××年（最近一年）	20××年（最近两年）	20××年（最近三年）
销售收入			
销售成本			
净利润			
总资产			
净资产			

未来几年财务预测（单位：万元）					
	第一年	**第二年**	**第三年**	**第四年**	**第五年**
销售收入					
销售成本					
净利润					
总资产					
净资产					

续表

项目融资计划			
资金需求数额			
资金使用计划			
融资完成后的股权结构	股东名称	出资额（万元）	持股比例
	合计		
项目小结			
项目立项评审意见			
项目立项评审会			
结论			

【范本5-4】企业并购项目评价表

表5-2 ________公司并购项目立项评价表①

项目名称		项目单位		负责人	
一级评分项	**二级评分项**	**分值**	**主要评价内容**		**评分**
投资机会的吸引力（20%）	产业政策环境	3	好：3 一般：2 差：0~1		
	行业发展前景	3	好：3 一般：2 差：0~1		
	目标市场规模与增长	4	好：4 一般：2~3 差：0~1		
	产品/服务/技术	3	好：3 一般：2 差：0~1		
	战略契合度	3	好：3 一般：2 差：0~1		
	市场竞争力	4	好：4 一般：2~3 差：0~1		

① 读者可以根据实际需要对该并购项目立项评价表进行补充和删减。

续表

项目名称		项目单位		负责人	
一级评分项	**二级评分项**	**分值**	**主要评价内容**		**评分**
技术能力（15%）	技术专利等数量	4	好：4 一般：2～3 差：0～1		
	技术团队构成、稳定性	3	好：3 一般：2 差：0～1		
	技术先进性、前瞻性	5	好：4～5 一般：2～3 差：0～1		
	持续的技术开发能力	3	好：3 一般：2 差：0～1		
市场能力（15%）	商业模式、盈利能力	3	好：3 一般：2 差：0～1		
	营销渠道	4	好：4 一般：2～3 差：0～1		
	核心产品市场占有率	5	好：4～5 一般：2～3 差：0～1		
	团队的执行力	3	好：3 一般：2 差：0～1		
财务能力（15%）	整体财务状况	4	好：4 一般：2～3 差：0～1		
	未来盈利能力	5	好：4～5 一般：2～3 差：0～1		
	财务体系与制度	3	好：3 一般：2 差：0～1		
	财务人力素质	3	好：3 一般：2 差：0～1		
制造能力（10%）	生产装备先进性	4	好：4 一般：2～3 差：0～1		
	企业生产能力	3	好：3 一般：2 差：0～1		
	原材料供应	3	好：3 一般：2 差：0～1		
投融资及退出（15%）	估值合理性	4	好：4 一般：2～3 差：0～1		
	核心条款设计	5	好：4～5 一般：2～3 差：0～1		
	持续的融资能力	3	好：3 一般：2 差：0～1		
	退出渠道设计	3	好：3 一般：2 差：0～1		
高管团队（10%）	团队管理能力	4	好：4 一般：2～3 差：0～1		
	团队的稳定性	3	好：3 一般：2 差：0～1		
	团队的背景、学历	3	好：3 一般：2 差：0～1		
合计					

续表

评价结果：□通过 (不通过	理由和建议：		
评价人签字：		时间：	
备注： 1. 91～100分优秀；81～90分良好；71～80分合格；70分以下（含70分）不合格 2. 优秀、良好的项目立项评价通过；合格项目完善后再评价；不合格项目直接淘汰			

第六节　签订并购意向书

并购双方经过前期市场调查和目标企业内部调查阶段之后，对于并购方立项通过的项目，一般会与拟并购目标企业签订一份并购意向书，并购意向书是并购双方沟通后就双方并购事宜达成的初步协议，也可成为备忘录，是开展尽职调查、估值、交易结构设计与并购谈判，甚至是后期并购整合与管理的重要基础。一般而言，并购意向书的内容有些具有法律约束力，有些没有法律约束力。其中，保密条款、排他协商条款、费用分摊条款、提供资料与信息条款和终止条款有法律约束力，其他条款的效力视并购双方的协商结果来定。

并购意向书主要有以下条款：

- 并购标的条款：主要说明并购方拟并购的对象是资产还是股权，具体的范围和数量等。
- 保密条款：保密条款的目的有两个：其一，为了防止并购方对目标企业的并购意图外泄，从而对并购造成不利影响，并购意向书一般都会约定如“并购的任何一方在公开宣布并购前，未经对方同意，应对本意向书的内容保密，且除了并购双方及其雇员、律师、会计师和并购方的贷款方外，不得向任何其他第三方透露”的内容；其二，保密条款可以防止并购方将目标企业向其提供的资料向外公开，但是若法律强制性公开的情况，则不在保密条款的效力范围之内。
- 提供资料与信息条款：该条款要求目标公司向并购方提供其所需的资

料和信息，尤其是没有向公众公开的资料和信息，有利于并购方了解目标公司。

- 摊条款：该条款主要规定无论并购是否成功，并购双方都要共同分担因并购事项所发生的费用。
- 对价条款：说明并购方打算给出的对价的性质和收购价格的数额或者计算公式等。
- 进度安排条款：说明后续的并购活动的步骤和大致时间。
- 排他协商条款：并购方为了取得独家并购谈判的地位，可能会规定这个条款，若没有取得并购方的同意，目标公司不得与第三方公开或者私下进行并购接触和谈判，否则视为目标公司违约，并承担违约责任。
- 终止条款：该条款明确规定若并购双方在某一规定期限内无法签订并购协议，则意向书丧失效力。

【范本 5 -5】股权收购意向书

________有限公司股权收购意向书样本①

收购方：

转让方：

鉴于收购方与转让方已就转让方持有的________公司（目标公司）________%的股权转让事宜进行了初步磋商，为进一步开展股权转让的相关调查，并完善转让手续，双方达成以下股权收购意向书，本意向书旨在就股权转让中有关工作沟通事项进行约定，其结果对双方是否最终进行股权转让没有约束力。

现双方经过友好协商，在平等自愿的基础上达成如下意向：

一、目标公司概况

__________有限公司（注册号：　　）________成立于______年____月____日，法定代表________，注册资本____万元，经营范围______________。

① 本意向书样本根据公开信息的收集，并结合项目案例经整理而成，仅为说明股权收购意向可能涉及的相关条款内容，读者可以根据实际需要进行补充和删减。

二、收购标的

收购方的收购标的为转让方拥有的目标公司________%股权、权益及其实质性资产和资料。

三、收购价格、方式

1. 收购价格：收购方与转让方初步商定收购价格为________人民币（¥________），最终经具有证券从业资格的资产评估事务所评估后的目标股权净资产基础确定最终收购价格。

2. 收购方式：收购方与转让方均同意，收购方将以现金方式和/或______方式一次性于双方签订《股权转让合同》后____日内全额支付完毕。或者：收购方与转让方均同意，收购方将以现金方式和/或________方式分________期完成收购，在签订《股权转让合同》后____日内，收购方应至少先向转让方支付人民币________元，具体在尽职调查完毕后，由《股权转让合同》中约定。

四、尽职调查

1. 在本意向书签署后，收购方安排其工作人员或委托律师对目标公司的资产、负债、或有负债、重大合同、诉讼、仲裁事项等进行全面的尽职调查。对此，转让方应予以充分的配合与协助，并促使目标公司予以充分的配合与协助。

2. 如果在尽职调查中，收购方发现存在对本意向书的交易有任何实质影响的任何事实（包括但不限于目标公司未披露之对外担保、诉讼、不实资产、重大经营风险等），收购方应书面通知转让方，列明具体事项及其性质，收购方与转让方应当开会讨论并尽其努力善意地解决该事项。若在收购方上述书面通知发出之日起____日内，转让方和/或目标公司不能解决该事项至收购方（合理）满意的程度，收购方可于上述书面通知发出满____日后，以给予转让方书面通知的方式终止本意向。

五、保障条款

1. 收购方承诺如下：

（1）收购方已完成对目标公司的尽职调查工作，未发现存在对本次交易有实质性影响的重大事实（或发现该等重大事实但经双方友好协商得以解决）时，应于____日内与转让方进入《股权转让合同》的实质性谈判，并最迟于

________年____月____日前签订正式《股权转让合同》。

（2）确保收购方董事会和股东大会表决通过收购目标股权议案。

（3）收购方拥有订立和履行该意向书所需的权利，并保证本意向书能够对收购方具有法律约束力；签订和履行该意向书已经获得一切必需的授权，在本协议上签字的代表已经获得授权签署本协议，并具有法律约束力。

2. 转让方承诺如下：

（1）在本意向书生效后至双方正式签订股权转让合同之日的整个期间，未经收购方同意，转让方不得与第三方以任何方式就其所持有的目标公司的股权出让或者资产出让问题再行协商或者谈判。

（2）转让方及时、全面地向收购方提供收购方所需的目标公司信息和资料，尤其是目标公司尚未向公众公开的相关信息和资料，以利于收购方更全面地了解目标公司真实情况；并应当积极配合收购方及收购方所指派的专业机构（律师、会计师、税务师等）对目标公司进行尽职调查工作。

（3）转让方保证目标公司为依照中国法律设定并有效存续的，具有按其营业执照进行正常合法经营所需的全部有效的政府批文、证件和许可。

（4）转让方承诺目标公司在《股权转让合同》签订前所负的一切债务，由转让方承担；有关行政、司法部门对目标公司被此次收购之前所存在的行为所做出的任何提议、通知、命令、裁定、判决、决定所确定的义务，均由转让方承担。

（5）转让方拥有订立和履行该意向书所需的权利，并保证本意向书能够对转让方具有法律约束力；转让方签订和履行该意向书已经获得一切必需的授权，在本协议上签字的代表已经获得授权签署本协议，并具有法律约束力。

六、保密条款

1. 除非本协议另有约定，双方应尽最大努力，对其因履行本协议而取得的所有有关对方的各种形式的下列事项承担保密的义务：范围包括商业信息、资料、文件、合同。包括但不限于：本意向书的各项条款、协议的谈判、协议的标的、各方的商业秘密，以及任何商业信息、资料和/或文件内容等保密，包括本意向书的任何内容及各方可能有的其他合作事项等。

2. 上述限制不适用于：

（1）在披露时已成为公众一般可取的资料和信息。

（2）并非因接收方的过错在披露后已成为公众一般可取的资料和信息。

（3）接收方可以证明在披露前其已经掌握，并且不是从其他方直接或间接取得的资料。

（4）任何一方依照法律要求，有义务向有关政府部门披露，或任何一方因其正常经营所需，向其直接法律顾问和财务顾问披露上述保密信息。

3. 如收购项目未能完成，双方负有相互返还或销毁对方提供之信息资料的义务。

4. 该条款所述的保密义务于本意向书终止后应继续有效。

七、生效、变更或终止

1. 本意向书自双方签字盖章之日起生效，经双方协商一致，可以对本意向书内容予以变更。

2. 若收购方与转让方未能在____个月内就股权收购事项达成实质性股权转让合同，则本意向书自动终止。

3. 在上述期间届满前，若双方对尽职调查结果不满意或转让方提供的资料存在虚假、误导信息或存在重大疏漏，有权单方终止本意向书。

4. 本意向书签署时应取得各方有权决策机构的批准和授权。

5. 本意向书在收购方、转让方法定代表人或授权代表签字且加盖公章后开始生效。

八、其他

1. 在股权转让时，收购方、转让方双方和/或相关各方应在本意向书所做出的初步约定的基础上，分别就有关股权转让、资产重组、资产移交、债务清偿及转移等具体事项签署一系列合同和/或其他法律文件。届时签署的该等合同和/或其他法律文件生效后将构成相关各方就有关具体事项达成的最终合同，并取代本意向书的相应内容及本意向书各方之间在此之前就相同议题所达成的口头的或书面的各种建议、陈述、保证、承诺、意向书、谅解备忘录、协议和合同。

2. 收购方、转让方双方要诚信履行自己的承诺，并不得以本意向书在法律上可能存在的瑕疵或尚未完备的手续而借故不信守本意向书的约定。

3. 任何一方违反本意向书约定内容的，应依法向对方承担缔约过失责任。

4. 本意向书正本一式____份，各方各执____份，具同等法律效力。

（以下为签署处，无正文）

收购方：	（盖章）	转让方：	（盖章）
授权代表：	（签字）	授权代表：	（签字）
签订日期：		签订日期：	

第六章

组建专业团队开展全面的尽职调查

第一节　尽职调查概述

一、尽职调查概念

尽职调查又称谨慎性调查，是指投资人在与目标企业达成初步合作意向后，经协商一致，投资人对目标企业一切与本次投资有关的事项进行现场调查、资料分析的一系列活动。包括财务尽职调查、法律尽职调查、技术尽职调查、商业尽职调查、环境尽职调查、运营尽职调查、管理层尽职调查等①。

二、尽职调查的目的

从买方的角度来说，尽职调查也就是风险管理。尽职调查就是要搞清楚：

- 他是谁？即交易对手实际控制人的底细和管理团队。
- 他在做什么？即产品或服务的类别和市场竞争力。
- 他做得如何？即经营数据和财务数据收集，尤其是财务报表反映的财务状况、经营成果、现金流量及纵向、横向比较。
- 别人如何看？包括银行同业和竞争对手的态度。
- 我们如何做？在了解客户的基础上进行客户价值分析，用经验和获得的信息设计授信方案和控制措施，把交流变成可行的交易。

三、尽职调查基本原则

独立性原则：项目财务专业人员应服务于项目组，但在业务上向主管部门

① 梧桐树下．尽职调查深度解析．https://www.wutongsx.com/.

负责，确保独立性，保持客观态度。

谨慎性原则：调查过程的谨慎；计划、工作底稿及报告的复核。

全面性原则：财务调查要涵盖企业有关财务管理和会计核算的全面内容。

重要性原则：针对不同行业、不同企业要依照风险水平重点调查。

四、尽职调查的对象

根据行业内对目标企业的尽职调查的统计数据显示，目标企业内部尽职对象主要涉及企业股东、中高层管理者、核心技术、市场、财务、人力等部门及一线的普通员工；目标企业外部尽职对象主要涉及产业链上下游、行业主管部门、协会、竞争对手等。

- 至少与目标企业的普通员工吃过 1 次饭。
- 调查 3 个以上的竞争对手或同类企业。
- 与至少目标企业的 4 个客户面谈。
- 调查管理、技术、市场、财务等要素部门。
- 至少 3 ~5 天与目标企业员工同时上班。
- 与 90% 以上的股东和管理层进行沟通。

五、尽职调查基本方法

审阅：通过财务报表及其他法律、财务、业务资料审阅，发现关键及重大财务因素。

分析性程序：对各种渠道取得资料的分析，发现异常及重大问题，如趋势分析、结构分析等。

访谈：与企业内部各层级、各职能人员，以及中介机构的充分沟通。

小组内部沟通：调查小组成员来自不同背景及专业，其相互沟通也是达成调查目的的方法。

第二节　尽职调查框架、组成与流程

一、尽职调查的框架

并购尽职调查的框架主要由两部分构成：一是风险发现，包括股权瑕疵、资产完整性、经营风险、偿债能力，或有债务、法律诉讼；二是价值发展，包括现实价值、未来潜在价值。尽职调查的框架①，如图 6－1 所示。

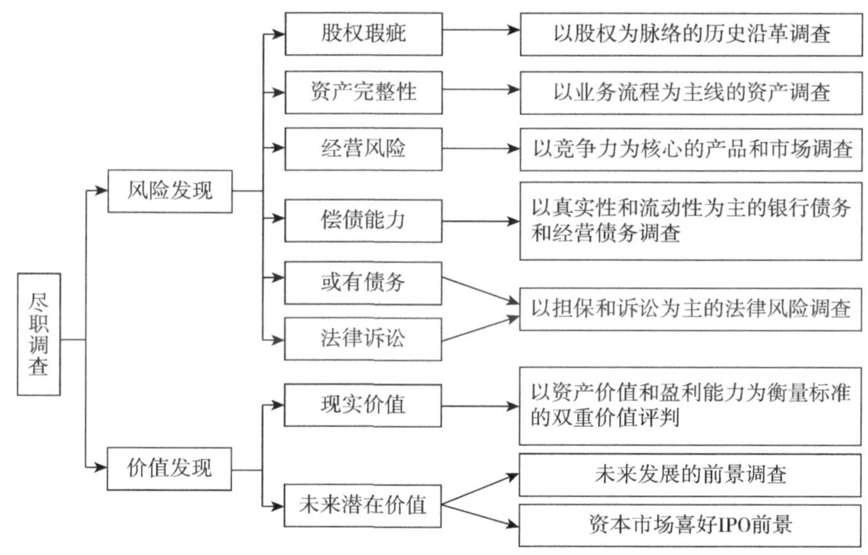

图 6－1　尽职调查的框架

二、尽职调查的组成部分

尽职调查就其范围组成而言，需对公司的行业、业务、财务、法律、人事

① 梧桐树下．尽职调查深度解析．https://www. wutongsx. com/.

与运营、监管、环境等方面做全面的评估，从而降低交易的风险，减小交易的成本。尽职调查的范围组成①，如图 6 – 2 所示。

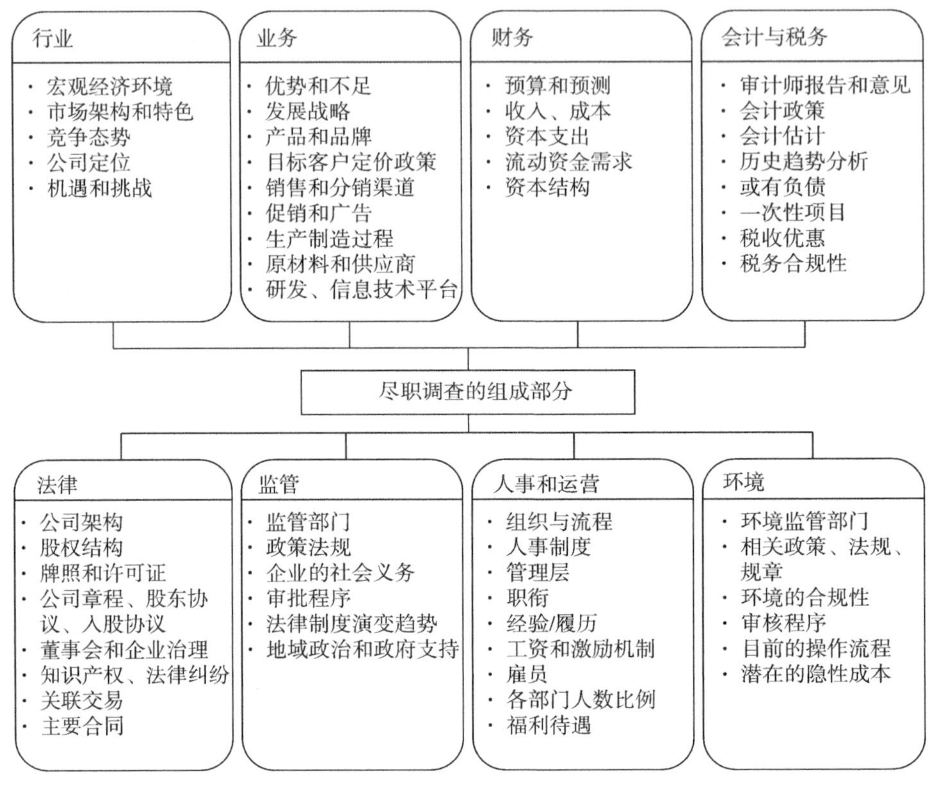

图 6 – 2　尽职调查的组成部分

三、尽职调查的操作流程

尽职调查的操作流程一般包括成立项目组、制订调查计划、调查及收集资料、起草尽职调查报告与风险控制报告、进行内部复核、设计投资方案等阶段。调查与收集资料为尽职调查流程中最重要的一环，尽职调查团队通过各渠道收集资料，并验证其可信程度，最终形成尽职调查报告与风险控制报告。如图 6 – 3 所示。

---

① 《智选堂》摩根斯坦利 & 中金.

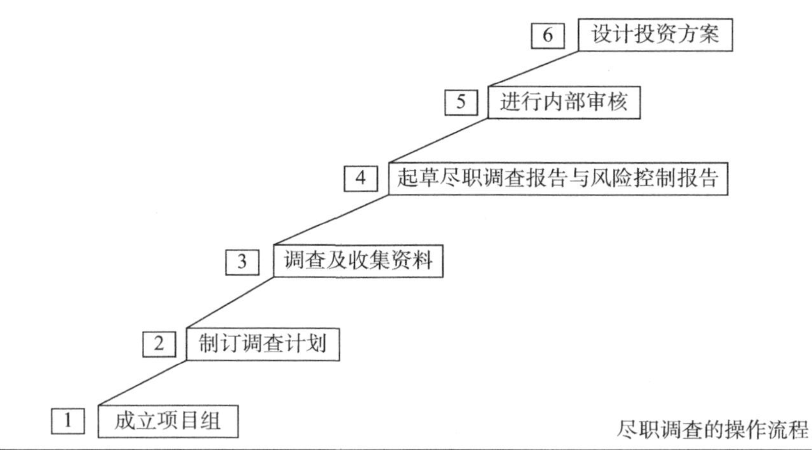

图 6－3 尽职调查操作流程

第三节 尽职调查的实施

一、组建并购项目团队

尽职调查，需要公司的项目小组、财务顾问、法律顾问、会计师及其他顾问通力协作。企业并购尽职调查项目团队组成及职责，如表 6－1 所示。

表 6－1 尽职调查项目团队组成及职责表

单位	主要职责
公司的项目小组，包括来自技术、生产、市场、质量、财务、法务、人事、信息技术、运营管理等专业人员	• 审阅各项尽职调查资料 • 审阅各中介机构尽职调查报告 • 开展对目标公司高管人员和其他重要人员的能力、素质和信誉状况评估 • 结合自身实际情况评估并购的可能性，可能遇到的问题和解决方案

续表

单位	主要职责
财务顾问	• 尽职调查总协调人，负责整体规划和协调各中介机构 • 协助公司作好业务尽职调查 • 结合法律顾问、会计师和其他中介机构的尽职调查，分析对估值的影响和相应的谈判策略
法律顾问	• 审阅尽职调查中的各项法律文件 • 就存在的和可能发生的涉及法律的问题提出详尽的法律尽职调查报告书
会计师	• 审阅尽职调查中的财务和税务文件 • 就公司的历史财务报告和税务合规情况发表意见，提出调整建议
其他顾问（环境、人事、特殊行业领域）	• 根据并购目标公司所处行业的特殊性或项目的特点，额外聘请一些专业领域的其他顾问，协助公司发现、评估这些领域的潜在问题，提出解决方案

二、财务尽职调查

（一）财务尽职调查内容

财务尽职调查的基本目的：

- 了解并购目标公司 3 ~ 5 年的真实财务状况，预测其未来 3 ~ 5 年的现金流状况，判断后期资金投入与预期回报情况。
- 了解并购目标公司内部控制、经营管理的真实情况，为是否投资及制定并购后的整合与后期管理方案提供依据。
- 了解并购目标公司税收环境和税务水平，揭示目标公司潜在的税收风险，判断并购后的税收结构设计。

财务尽职调查一般由财务顾问与会计师开展具体的调查工作，财务尽职调查的主要内容如下：

（1）目标公司概况

- 营业执照、章程、组织架构。
- 公司成立时间、注册资本、股东、出资形式及到位情况、企业性质、主营业务等。

- 公司母公司及下属子公司，并对关联交易进行了解。
- 对目标公司的组织、分工及管理制度进行了解，对内部控制进行评价。

（2）目标公司的会计政策

- 目标公司现行会计政策。
- 近3年会计政策的重大变化，如收入确认政策等。
- 现行会计报表的合并原则及范围。
- 近3年会计师事务所名单及审计报告的披露。

（3）税费政策

- 现行税费种类、税费率、计算基数、收缴部门。
- 税收优惠政策。
- 税收减免/负担。
- 关联交易的税收政策。
- 税收汇算清缴情况。
- 并购后税费政策的变化情况。

（4）损益表

- 3～5年产品结构的变化趋势。
- 3～5年销售收入、成本、毛利率、净利率的变化趋势。
- 公司主要客户的变化情况。
- 3～5年费用总额及期间费用的变化趋势。
- 投资收益及营业外收支情况。
- 销售收入、销售成本、期间费用等对未来损益的影响情况。

（5）资产负债表

- 可用资金、冻结资金等货币资金情况。
- 应收账款情况，如账龄、坏账分析，应收账款变化趋势，大客户应收账款情况，是否存在其他应收款，对外借款、委托理财等。
- 存货分析，如周转情况、滞销、残损情况、存货的类别与趋势变化情况。
- 长期投资分析，如投资比例及控制权、参股投资情况。
- 固定资产分析，如固定资产利用率、残损、无用的固定资产情况。
- 在建工程分析，如工程预算、完工程度、工程状态。
- 无形资产分析，如类别、寿命、减值情况。

- 应付账款分析。
- 资本结构分析。

（6）现金流量表

- 历年现金流量情况。
- 经营净现金流情况。

（7）表外项目

- 对外担保。
- 资产抵押。
- 诉讼。

（二）财务尽职调查应注意的问题

（1）重视数据间逻辑关系和财务信息与非财务信息的相互印证

三大报表之间的及科目之间的关系：财务报表层面的数据关系能够反映一家公司的财务质量和对应的风险领域，在进行财务尽职调查时，要注意理解和判断报表背后的商业故事和逻辑，需要从业务风险角度去考察会计科目的风险；需要理解公司的成长阶段和发展阶段对财务报表的影响及会计处理的商业实质，特别注意关联方交易的商业实质问题。

要关注目前财务数据与历史数据之间的关系：通常一家财务规范的优秀企业，其财务指标在不同的时期具有前后一致性和可比性。

基于企业所在行业，通过与标杆企业进行财务数据的对比，来判断目标公司财务报表存在的风险。

（2）或有事项

或有事项是指过去的交易或者事项形成的，其结果须由某些未来事项的发生或不发生才能决定的不确定事项。常见的或有事项有：未决诉讼或未决仲裁、债务担保、产品质量保证（含产品安全保证）、环境污染整治、承诺、亏损合同、重组义务等。在目标公司尽职调查过程中，发现公司承担或某些已实际发展但未记的事项，如为第三方或关联企业提供的担保与保证、排放污染导致的（或潜在的）处罚与赔偿问题、员工养老金等福利的欠缴，等等。

（3）关联交易

关联交易就是企业关联方之间的交易，关联交易是公司运作中经常出现的而又易于发生不公平结果的交易。

关联交易确定的关键在于如何界定关联方。从会计准则方面看，关联方是指一方控制、共同控制另一方或者对另一方施加重大影响，以及两方或两方以上同受一方控制、共同控制或重大影响的，构成关联方。会计上持股比例达到20% ~50%的就属于施加重大影响，超过50%的就属于控制，因此基本上只要控股股东控制或共同控制的超过20%比例的其他公司都属于关联方。

从《公司法》上，关联方是指公司控股股东、实际控制人、董事、监事、高级管理人员直接或者间接控制的企业，更多是从实际情况来判断。从证监会监管和规范上界定，是指能够控制公司或影响公司决策而损害公司利益的各方，包括潜在关联人。从招股说明书的准则上界定则是将5%以上股份的股东界定为关联方。

常见的关联交易有：购买或销售商品、购买其他资产、提供或接受劳务、担保、提供资金、租赁、代理、研究与开发转移、许可协议等。

尽职调查中可能发现目标公司与关联方交易的问题，如目标公司为子公司/关联公司的交易或者其他负债提供账外保证，为了利益而不是为商业目的而进行的交易、转让定价问题等。

（4）税收问题

关税：目标公司为了少缴纳进口关税和进口增值税，而有意低报进口产品材料，或者按较低的进口税率的产品类型申报等。并购后未来有可能承担关税补缴风险。

所得税：目标公司不按规定及时缴纳企业所得税和个人所得税，甚至少报员工收入，减少所得税缴纳额等。

三、法律尽职调查

并购法律尽职调查就是为了获知目标公司的重要信息，并以此判断并购中的风险。即通常所说的企业并购中存在的各种陷阱：注册资本出资不足的陷阱、债务黑洞的陷阱、担保黑洞的陷阱、工资福利负担的陷阱、违法违规历史的陷阱、税务陷阱、环保陷阱等。避免不了这些陷阱，并购之后的企业不但难以实现预期的价值创造，反而会成为一个“烫手的山芋”。

（一）法律尽职调查基本内容

（1）目标公司主体资格合法性审查

目标公司主体资格合法性审查是为了确保交易的合法有效，即交易方是合法存在的，具有进行本次交易的行为能力。对目标公司主体的合法性的审查主要包括两个方面：一是资格，即目标公司是否依法成立并合法存续，包括其成立、注册登记、股东情况、注册资本交纳情况、年审、公司变更、有无吊销或注销等；二是是否具备从事营业执照所确立的特定行业或经营项目的特定资质，如电信增值服务许可资质、食品卫生许可证、建筑施工资质，等等。

（2）目标公司资产及财务状况审查

一是审查目标公司的各项财产的权利是否有瑕疵，是否设定了各种担保，权利的行使、转让是否有所限制等；二是审查目标公司的各项债权的实现是否有保障，是否会变成不良债权等，以确保收购方取得的目标公司的财产关系清楚明白，权利无瑕疵，无法律上的障碍。

（3）目标公司的债权债务状况审查

审查目标公司显性和隐性的各种债权、债务情况，判断目标公司债权、债务的数量大小、责任轻重等。对一些因权利义务不清楚而发生争议，将来可能会存在提起诉讼或被起诉的情况，要重要审查和梳理。降低并购方的后期风险。

（4）目标公司重要交易合同审查

重点审查对于目标公司的存续与发展相当重要的交易合同，通常包括长期购买或供应合同、技术许可合同、大额贷款合同、公司担保合同、代理合同、特许使用合同、关联交易合同等。

（5）目标公司知识产权审查

审查目标公司知识产权的权属情况（包括通过许可协议使用的），有效期限情况，有无分许可、是否存在有关知识产权侵权诉讼等。

（6）目标公司的董事、监事、高级管理人员与普通员工审查

包括目标公司的雇佣人员的数额，目标公司是否对重要人员进行了相应的激励措施，是否存在对此次并购造成障碍的劳动合同等。判断员工解聘、补偿、员工安置、退休福利等方面存在的各种风险。对于目标公司的普通职工，一般只审查公司的劳务合同范本，但是对股东、董事、监事、高级管理人员的合法合规情况，包括主体资格适格性（公务员等特殊身份、公司法规定的任职条件）、是否存在竞业限制情形、个人资信情况等；刑事与行政处罚情况、未了结的诉讼仲裁等要逐一审查。

（7）对目标公司治理结构、规章制度的审查

包括审查目标公司的章程、股东会决议、董事会议事规则、董事会决议、公司规章制度等文件。判断目标公司股东会、董事会的权力，公司重大事项的表决、通过程序等相关信息以确定本次收购是否存在程序上的障碍，是否获得了合法的授权等，确保本次收购交易的合法、有效，避免可能争议的发生。

（8）对目标公司是否存在重大诉讼或仲裁的调查

审查目标公司的各种诉讼或仲裁活动胜诉的可能性，以及由此可能产生的法律费用和赔偿责任的开支等。

（二）法律尽职调查重点问题

- 目标公司或有事项。
- 目标公司签署的合同或相关文件真实性。
- 目标公司注册资本出资到位情况。
- 目标公司拥有的专利/资质凭证是否完备、过期或即将过期。
- 目标公司雇员的社保资金的缴付比例与实际缴付情况是否符合法律法规等。

（三）法律尽职调查报告

法律尽职调查报告，是在双方达成交易之前，并购方通过委托律师对目标公司的背景、合法性，以及交易模式和程序进行调查和了解的基础上，形成书面报告，是并购方并购决策的重要参考材料之一。

四、商业尽职调查

商业尽职调查是指通过对其宏观环境、市场规模和竞争环境的分析，了解目标公司所处的行业地位和未来发展趋势。通过对其内部运营管理的分析，可以为交易完成后价值提升和并购后整合方案的制定做出准备。商业尽职调查的主要内容包括：

- 宏观环境分析，包括政治因素、经济因素、社会因素、技术因素等。
- 市场环境分析，包括市场定义、市场需求总量、宏观经济的影响、市场发展前景、增长驱动因素等。
- 竞争环境分析，包括上游供应商与下游客户的议价能力、替代品的威胁、行业进入壁垒、主要竞争者情况等。

- 目标公司分析，包括目标公司的盈利模式、经营绩效、产品的市场定位和生命周期、产品定价、营销策略、销售与分销渠道、客户关系、售后服务、供应商关系、研发、采购、生产、物流、企业核心竞争优势和市场地位等。
- 企业价值评估分析，包括协同效应、价值评估等。

五、环境尽职调查

环境尽职调查起源于 20 世代 80 年代，现已成为多数并购交易的必经环节。所谓的环境尽职调查是指在企业投资、并购时系统地确认其环境风险和责任，有助于降低投资者对并购后目标公司环境方面的投资风险。

环境尽职调查包括调查公司现有产生的污染、是否有采取相应的污染控制措施并满足法律法规和标准的要求、是否对周围环境和居民产生污染、是否具备相应的控制对环境造成的潜在危险的管理体系等。具体如下：

- 调查目标公司的经营活动适用的有关安全、环境及污染物排放的所有法律标准要求，包括大气、噪音和水污染等方面的国家或地方标准。
- 调查目标公司是否取得政府部门签发的环保许可证、特许证和其他授权文件，包括环评证书、排污许可证、环境影响的批准文件及关于污染物处置设施的批复、使用、存储、运输与分销危险物品的批准书、许可证等。
- 调查目标公司与关联公司是否存在违反环保法律、法规、标准或要求的情况及受到的处罚。
- 调查目标公司过去在环保方面的经营费用和预算情况。

六、技术尽职调查

技术尽职调查主要对于目标公司所拥有的核心技术方面的调查，尤其是并购方看中被并购方技术协同效应上。技术尽职调查有时需要聘请行业内专家或委托专业机构来开展。其主要内容包括：

- 核心技术专利等知识产权的拥有、授权、保护与使用情况。
- 技术来源及依赖程度、新技术储备与开发周期。

- 技术合作与技术研发条件、研发费用、研发成果。
- 新技术研发计划、新技术转化情况。
- 同国际、国内竞争企业技术方面领先与差距。
- 国家或当地政府对目标公司技术创新的支持情况等。

第四节　尽职调查报告编制

通过访谈和调查，尽职调查的工作体现在报告中。报告的核心架构和编写要素①，主要涉及以下几个方面：

- 企业概况。简要描述企业的名称、行业、成立时间、注册资本、主营业务、员工人数、股东结构等。
- 业务部分尽职调查。阐述产品定位、商业模式、业务规划等。
- 财力部分尽职调查。财务报表分析、经营业绩分析、主要供应商与客户分析、合同查看、银行流水核对等。
- 行业与市场调查。行业概况、商业模式、市场趋势、对标企业、竞争格局等。
- 法律尽职调查。公司股权结构与实际控制人变更、业务资质、关联方与同业竞争、重要合同、劳动人事、税务、重大诉讼、仲裁等。
- 团队管理调查。任职资格、职业经历、职业素养、人员变动等。
- 技术尽职调查。技术优劣势、技术团队、技术专利、研发能力等。
- 交易结构初步设计。估值、持股比例、支付方式、融资方式等。
- 整合与投后管理。整合方案、投后管理方案等。
- 总结评价。投资价值、投资风险等。

【范本 6－1】企业考察与尽职调查十大关注点

作为并购企业或投资机构，为了在信息不对称且时间有限的前提下，较系

① 丁敏．私募股权投资和尽职调查手册．百度阅读，2017.

统地了解和挖掘目标企业潜在的法律、财务、人力、环保等方面的风险，通常需要对目标进行全面的考察和梳理，重点可以从以下十个方面进行开展①。

一是看准一个团队。

投资就是投人，投资就是投团队，尤其要看准投团队的领头人，对创业类项目/企业尤为重要。

二是发掘两个优势（优势行业+优势企业）。

优势行业是指具有广阔发展前景、国家政策支持、市场成长空间巨大的行业；优势企业是在优势行业中具有核心竞争力，细分行业排名靠前的优秀企业，其核心业务或主营业务突出。

三是弄清三个模式（业务模式+盈利模式+营销模式）。

业务模式：企业提供什么产品或服务，业务流程如何实现，包括业务逻辑是否可行，技术是否可行，是否符合消费者心理和使用习惯，企业的人力、资金、资源是否足以支持。

盈利模式：指企业如何挣钱，通过什么方式挣钱。

营销模式：企业如何推广自己的产品或服务，销售渠道、销售激励机制如何等。

四是查看四个指标（营业收入+营业利润+净利率+增长率）。

关注目标企业近三年的财务数据，重点关注营业收入、营业利润、净利率、增长率指标。

五是清理五个结构（股权结构+高管结构+业务结构+客户结构+供应商结构）。

股权结构：股权结构要求清晰、合理。

高管结构：结构合理、专业背景、工作履历。

业务结构：主营突出、新产品研发能力强。

客户结构：客户结构合理，客户支付能力合理。

---

① 贾锐.《投资并购法律实务》. 法律出版社，2014.

供应商结构：供应商结构合理，质量、交期、价格有保证。

六是考察六个层面（历史合规 + 财务规范 + 依法纳税 + 产权清晰 + 劳动合规 + 环保合理）。

历史合规：目标企业的历史沿革合法合规，在注册资本、股权变更等方面不存在重大历史瑕疵。

财务规范：财务制度健全，会计标准合规，不存在假账。

依法纳税：没有逃税漏税。

产权清晰：企业的产权清晰（含专利、商标、房产等），不存在纠纷。

劳动合规：严格执行劳动法规，与员工均签订劳动合同。

环保合规：安全生产、环保达标，不存在被处罚等隐患。

七是落实七个关注（制度汇编 + 例会制度 + 企业文化 + 战略规划 + 人力资源 + 公共关系 + 激励机制）。

制度汇编：了解企业管理规范程度。

例会制度：了解企业的例会情况（含总经理办公周例会、董事会、股东会），调查企业管理层与股东之间的关系。

企业文化：了解企业是否具有凝聚力与亲和力，是否有支持企业长远发展的文化。

战略规划：看企业的发展有无明确目标，是否符合行业发展的方向。

人力资源：了解员工培训、激励、使用，企业能否充分调动全体员工的积极性和能动性，调查企业的综合竞争软实力。

公共关系：看企业对外社会责任和形象。

激励机制：企业是否有激励员工、提升团队的有效机制。

八是分析八个数据（总资产周转率 + 资产负债率 + 流动比率 + 应收账款周转率 + 销售毛利率 + 净资产报酬率 + 经营活动净现金流 + 市场占有率）。

九是走好九个程序（收集资料 + 高管面谈 + 企业考察 + 竞争调查 + 供应商走访 + 客户走访 + 协会走访 + 政府走访 + 券商咨询）。

做好收集资料、高管面谈、企业考察、竞争调查、供应商走访、客户走访、协会走访、政府走访、券商咨询九个程序是有效降低风险、提升并购质量的重要保障。

十是报告十个内容（企业历史沿革 + 股权结构 + 高管结构 + 企业产品与技术 + 财务分析 + 行业分析 + 发展规划 + 融资计划 + 风险与对策 + 投资建议）。

编辑企业考察或尽职调查报告时，遵循企业历史沿革、股权结构、高管结构、企业产品与技术、财务分析、行业分析、发展规划、融资计划、风险与对策、投资建议十个方面开展，可以呈现一份较为完整的并购项目考察或尽职调查报告。

【范本 6 - 2】并购尽职调查清单

表 6 - 2　______有限公司的尽职调查清单①

说明：

1. 请根据尽职调查清单，提供相应的文件资料并确保所提供的文件资料真实、合法、有效。

2. 对不适用或无相关文件的项目，请在“不适用”栏画钩；如无法取得的项目，请在“没有”栏中画钩，并在备注栏中说明理由。对于提供的资料，请注明“提供”栏中画钩，并在备注栏中详细、明确地注明每份协议、文件或资料的名称、日期和编号。

3. 请把准备好的资料标上相对应的编码（例如，1. 1. 1、1. 2. 1），并按顺序放入文件夹。

4. 复印资料应当清晰完整，包括自首页至末页的全部，不应少印、漏印，重要文件（如声明等）须有签字或盖章。

5. 这份资料清单并不是完全详尽的，在获取以下所需资料的基础上可能还需要进一步提供文件和材料。

① 本调查清单根据公开资料并结合项目尽职调查底稿整理而成，读者可以根据实际需要进行补充和删减。

一、公司基本情况

<table>
<tr><td>公司名称</td><td></td><td colspan="2">调查人</td><td colspan="2"></td></tr>
<tr><td>调查日期</td><td></td><td colspan="2">起止时间</td><td colspan="2"></td></tr>
<tr><td>调查地点</td><td></td><td colspan="2">调查项目</td><td colspan="2"></td></tr>
<tr><td>调查目的</td><td colspan="5"></td></tr>
<tr><th colspan="2">资料/文件名称</th><th>提供“√”</th><th>没有“√”</th><th>不适用“√”</th><th>备注</th></tr>
<tr><td>1.1</td><td>设立与历史沿革</td><td></td><td></td><td></td><td></td></tr>
<tr><td>1.1.1</td><td>公司最新的经年检后的营业执照（正、副本）</td><td></td><td></td><td></td><td></td></tr>
<tr><td>1.1.2</td><td>公司及其前身历次因增加或减少注册资本、法定代表人变更、经营范围变更、注册地址变更等工商登记事项变更而换领的营业执照（正、副本）</td><td></td><td></td><td></td><td></td></tr>
<tr><td>1.1.3</td><td>股东签署的设立公司的合同和章程（包括但不限于公司设立时的合同、章程，现行有效的合同、章程及设立以来的所有修改及其修正案、工商变更登记留档）</td><td></td><td></td><td></td><td></td></tr>
<tr><td>1.1.4</td><td>批准设立公司的政府主管部门、行业主管部门批文、设立公司的项目建议书和可行性研究报告、批复和改制批文（如有）</td><td></td><td></td><td></td><td></td></tr>
<tr><td>1.2</td><td>公司治理结构</td><td></td><td></td><td></td><td></td></tr>
<tr><td>1.2.1</td><td>公司最新股权结构图与内部的组织结构图及公司董监高人员名单</td><td></td><td></td><td></td><td></td></tr>
<tr><td>1.2.2</td><td>历次重大股权变动情况相关的股东会、董事会有关文件、评估报告、审计报告、股权转让协议、工商变更登记文件等</td><td></td><td></td><td></td><td></td></tr>
</table>

续表

1.2.3	公司设立后发生的合并、分立、收购或出售资产、资产置换、重大增资或减资、债务重组等重大重组事项，及股东会、董事会会议文件、重组协议文件、政府批准文件、审计报告、评估报告、中介机构专业意见、债权人同意债务转移的相关文件、重组相关的对价支付凭证和资产过户文件等				
1.2.4	公司自然人股东直接持股和间接持股情况，其在公司的任职情况及其亲属在公司的投资、任职情况				
1.2.5	公司法人股东（包括实际控制人）的公司章程、最近一期的财务报告及审计报告（如有）				
1.2.6	公司股东所持公司股权的质押、冻结和其他限制权利的情况				
1.2.7	公司与其参股的所有公司（“子公司”）的股权关系架构图，公司的分支机构的营业执照或登记证，设立分支机构的批准文件及相关股东会、董事会决议，公司参股的任何公司的营业执照或登记证、设立批准文件、投资合同或合资合同、章程等文件				

二、财务、税务状况

公司名称			调查人		
调查日期			起止时间		
调查地点			调查项目		
调查目的					
资料/文件名称		提供“√”	没有“√”	不适用“√”	备注
2.1	公司最近三年的资产负债表、损益表、现金流量表				

续表

2.2	公司最近三年的审计报告				
2.3	公司近三年财务费用、管理费用、销售费用明细账、科目余额表、应收账款、预付账款、其他应收款、应付账款、其他应付款明细、营业收入明细、存货明细				
2.4	公司近一年固定资产、无形资产、在建工程、金融资产明细表（名称、购置日期、不含税金额、折旧摊销、减值准备、账面价值）				
2.5	股东资本金实缴证明、银行存款明细表、银行对账单、余额调剂表				
2.6	公司前五大客户、近一年往来客户的明细表、回款账期				
2.7	所有短期或长期债务文件（包括债券、融资租赁、担保、赔偿及其他债务）及其他与公司内任一公司在运营中使用的任何资产有关的财务文件的清单				
2.8	公司为第三方的贷款或债务提供保证且目前尚未解除保证义务的情况				
2.9	公司未列入其资产负债表的任何项目的担保、收付合同、理财协议等有关文件				
2.10	公司现在需要缴纳的税项和费用的清单，包括企业所得税、增值税、关税、印花税、契税、房产税、土地使用税、土地增值税、资源税、城市维护建设税、教育费附加及其他规费，同时请列明各税项的名称、税率、费率				
2.11	公司近三年的增值税、企业所得税及各小税种实际缴纳税收明细表，及申报资料复印件				

续表

2.12	税收优惠或财政补贴的证明文件，以及享有的税收优惠或财政补贴符合财政管理部门和税收管理部门的有关规定的说明				
2.13	税务主管机关对公司是否已依法纳税、无偷税、逃税行为的证明				

三、知识产权

公司名称			调查人		
调查日期			起止时间		
调查地点			调查项目		
调查目的					
资料/文件名称		提供“√”	没有“√”	不适用“√”	备注
3.1	公司持有或拥有的全部专利（发明、实用新型和外观设计）、商标、服务标识、商号、专有技术、标志、域名、著作权（包括对前述内容的申请）				
3.2	公司与第三方订立的有关专利（包括专利申请权）、商标、专有技术、域名的转让、许可协议（公司作为转让方或受让方、许可方或被许可方）及有关登记注册证明				
3.3	现存或潜在的有关公司所有或第三方所有的专利、商标、商誉、专有技术、域名或其他知识产权的争议或纠纷				
3.4	其他无形资产的清单、登记/备案文件（如有）、许可/授权合同				

四、公司资产状况

<table>
<tr><td colspan="2">公司名称</td><td></td><td colspan="2">调查人</td><td colspan="2"></td></tr>
<tr><td colspan="2">调查日期</td><td></td><td colspan="2">起止时间</td><td colspan="2"></td></tr>
<tr><td colspan="2">调查地点</td><td></td><td colspan="2">调查项目</td><td colspan="2"></td></tr>
<tr><td colspan="2">调查目的</td><td colspan="5"></td></tr>
<tr><td colspan="3">资料/文件名称</td><td>提供“√”</td><td>没有“√”</td><td>不适用“√”</td><td>备注</td></tr>
<tr><td>4.1</td><td colspan="2">公司所拥有或使用的所有土地的使用权资料，并请列明土地清单，包括土地使用权证证号、详细地址、面积、权属（国有土地或集体土地）、取得方式（划拨、有偿出让、无偿出让或租赁）、权利性质、用途、抵押质押、期限情况及有关证明文件</td><td></td><td></td><td></td><td></td></tr>
<tr><td>4.2</td><td colspan="2">公司所有的房屋所有权证清单，内容包括房屋所有权证证号、房屋坐落、面积、用途、所有权人、幢数</td><td></td><td></td><td></td><td></td></tr>
<tr><td>4.3</td><td colspan="2">已建设完成并取得产权证的物业、未建设完成的物业、从第三方受让的物业、从第三方租赁的房产、出租的房产等相关的证明文件</td><td></td><td></td><td></td><td></td></tr>
<tr><td>4.4</td><td colspan="2">如房地产及其相关附属设施存在抵押或政府部门或司法机关对房地产的进行征用、冻结、查封、强制执行的，请提供相关证明文件</td><td></td><td></td><td></td><td></td></tr>
<tr><td>4.5</td><td colspan="2">进口设备的进关证明、公司海关监管设备清单（如有）</td><td></td><td></td><td></td><td></td></tr>
<tr><td>4.6</td><td colspan="2">特种设备的设计、安装、生产达到和符合有关的技术指标和安全生产要求有关的证明或许可证（如适用）</td><td></td><td></td><td></td><td></td></tr>
<tr><td>4.7</td><td colspan="2">公司相关资产的评估报告</td><td></td><td></td><td></td><td></td></tr>
</table>

五、经营及重大合同

公司名称		调查人			
调查日期		起止时间			
调查地点		调查项目			
调查目的					
资料/文件名称		提供“√”	没有“√”	不适用“√”	备注
5.1	公司主营业务，商业模式及核心竞争力情况				
5.2	公司签订的涉及金额排名前20位的尚未履行完毕的业务合同（包括采购和销售）				
5.3	公司与他人所签订的合同金额占公司净资产5%以上的合同				
5.4	公司与第三方或经营者利润分成或分享的合同；战略合作协议（投资协议、收购协议、合作协议或联营协议）清单及所有合同				
5.5	公司与他人签订的合资、收购、出售公司权益、业务或资产或类似交易合同				
5.6	公司与他人签订的技术转让、技术合作、技术研究和开发、技术服务等合同或协议				
5.7	其他对公司有重大影响的合同、协议或其他书面文件				

六、产品质量

公司名称		调查人	
调查日期		起止时间	
调查地点		调查项目	
调查目的			

续表

资料/文件名称		提供 "√"	没有 "√"	不适用 "√"	备注
6.1	产品符合标准的有关证明文件，如检测报告、质量检验证书、型号合格证				
6.2	公司获得的质量认证证书的相关说明，包括但不限于：质量管理体系认证证书、环境管理体系认证证书、食品安全管理体系认证证书				
6.3	质量达标、认证、获奖证书或证明材料				
6.4	公司参与或主导起草的国际、国内、行业及企业标准等				
6.5	因违反产品质量和技术监督标准而受到处罚的文件				
6.6	是否存在产品侵权及导致事故的说明				

七、雇员及社保情况

公司名称			调查人		
调查日期			起止时间		
调查地点			调查项目		
调查目的					
资料/文件名称		提供 "√"	没有 "√"	不适用 "√"	备注
7.1	公司所有员工人数及名单，包括姓名、职务、工资、奖金及聘用期限，并请单列签订无固定期限劳动合同的员工名单（如有）				
7.2	公司近三年及当年至调查日五险一金（养老、医疗、工伤、生育、失业保险及住房公积金）缴纳情况，包括缴费基数、缴费人数、费率				

续表

7.3	公司职工的劳动合同样本及集体劳动合同样本（如有）；若有劳务派遣的，提供派遣协议				
7.4	社保主管机构出具的对公司前述社会保险依法、及时、足额缴纳的证明文件				
7.5	公司与其董事、高级管理人员、技术骨干及业务骨干是否签订聘用合同、是否就竞业禁止、保密、发明归属事项签订任何书面协议，并请提供相关合同或其他文件				
7.6	公司是否存在向职工（包括董事、监事）提供过贷款或贷款担保、抵押，如有，请提供贷款协议、担保合同、抵押合同				
7.7	涉及公司内任一公司的任何雇员的、已提起、正在进行或将要发生的任何劳动争议仲裁或诉讼的一切相关资料和文件				

八、关联交易及同业竞争

<table>
<tr><td>公司名称</td><td colspan="2"></td><td>调查人</td><td colspan="2"></td></tr>
<tr><td>调查日期</td><td colspan="2"></td><td>起止时间</td><td colspan="2"></td></tr>
<tr><td>调查地点</td><td colspan="2"></td><td>调查项目</td><td colspan="2"></td></tr>
<tr><td>调查目的</td><td colspan="5"></td></tr>
<tr><td colspan="2">资料/文件名称</td><td>提供“√”</td><td>没有“√”</td><td>不适用“√”</td><td>备注</td></tr>
<tr><td>8.1</td><td>有关重大关联交易的合同（所涉金额排名前20位的20份或对公司有重大影响）</td><td></td><td></td><td></td><td></td></tr>
</table>

续表

8.2	公司与控股股东（包括实际控制人）及其关联企业之间是否存在同业竞争；如果存在，请提供说明存在同业竞争的关联企业名称、竞争领域（包括客户对象及市场差别）及产品、该等竞争的性质，以及该等竞争对公司的客观影响				

九、诉讼、仲裁及行政处罚

公司名称			调查人		
调查日期			起止时间		
调查地点			调查项目		
调查目的					
资料/文件名称		提供“√”	没有“√”	不适用“√”	备注
9.1	正在进行的诉讼、仲裁涉及的合同、协议及进展情况；对公司影响程度的估计及相关法律意见				
9.2	潜在的诉讼、仲裁情况及对公司影响程度的估计				
9.3	过去三年公司遭受的行政处罚一览表、行政处罚决定书等处罚文件				

十、政府补贴

公司名称		调查人	
调查日期		起止时间	
调查地点		调查项目	
调查目的			

续表

资料/文件名称		提供"√"	没有"√"	不适用"√"	备注
10.1	国家或当地有关政府部门是否给予公司任何形式的补贴或优惠政策，如有，请提供有关补贴或优惠政策的批文，补贴的数量，优惠的内容，补贴和优惠可能维持的时间				
10.2	本次投资是否会对上述补贴或优惠产生影响，并说明影响程度				

十一、环保、消防及安全生产

公司名称		调查人			
调查日期		起止时间			
调查地点		调查项目			
调查目的					
资料/文件名称		提供"√"	没有"√"	不适用"√"	备注
11.1	公司自设立起是否发生过任何工业事故、意外，如有请详细描述该事故、意外的发生过程、伤亡人数、赔偿金额及有关诉讼或行政程序				
11.2	公司自设立起因安全生产问题所受到的政府主管部门的处罚情况				
11.3	选址环保评价报告；排污污染物许可证；排水许可证；环境保护设施合格证；排污标准合格证；环境监测报告；大气污染、噪声污染、工业固体废物申报登记文件；环保部门出具的关于废物或危险物质外溢或释放的报告和通知；自行处理污染物，包括但不限于：收集、储存、运输、处理的全部政府授权、批准许可；所有项目的防治污染设施、设备的竣工验收合格证明及其设计和被批准使用年限的文件等				

续表

11.4	所有环保部门及其他与环保相关的部门出具或发布或做出的与公司有关的所有文件、决定、通知等，包括但不限于批准、通知、决定、整改要求、处罚、或调查总结				
11.5	环保主管部门关于公司历年来缴纳排污及其他一切与环境保护相关的费用之证明或者凭证				
11.6	公司是否有因违反环保法律、法规或涉及环保问题而已经发生、正在发生或有明显迹象表明将可能发生诉讼、仲裁、行政调查或处罚。如有，请提供有关文件（如行政处罚通知书、决定书、判决书、裁决书等）				
11.7	消防许可证、消防建审审批文件、消防验收审核文件及其他消防文件（如消防局出具的其他批准文件）				

十二、其他资料

<table>
<tr><td>公司名称</td><td></td><td colspan="2">调查人</td><td colspan="2"></td></tr>
<tr><td>调查日期</td><td></td><td colspan="2">起止时间</td><td colspan="2"></td></tr>
<tr><td>调查地点</td><td></td><td colspan="2">调查项目</td><td colspan="2"></td></tr>
<tr><td>调查目的</td><td colspan="5"></td></tr>
<tr><td colspan="2">资料/文件名称</td><td>提供“√”</td><td>没有“√”</td><td>不适用“√”</td><td>备注</td></tr>
<tr><td colspan="2">公司应当补充说明的其他问题或提供的其他资料</td><td></td><td></td><td></td><td></td></tr>
</table>

第七章

多种模型组合应用评估并购标的价值

第一节　什么是企业价值

一、企业价值

企业价值（Enterprise Value，EV）即指企业本身的价值。从不同的角度来看，其所包含的内容是有所差别的。从政治经济学的角度，在市场经济条件下，企业是一种商品，可以买卖和交易，企业的价值是由凝结在企业中的社会必要劳动时间决定。从会计学的角度，企业价值是建造企业的全部倾向化表现，其大小是由企业的全部支出构成的。从市场交换的角度，企业价值是企业所能带来的未来现金流量的折现值，其大小是由企业的获利能力决定的。从期权理论的角度，企业价值是企业现有各种经营业务所产生的未来现金流量的折现值之和再加上企业所拥有的获利机会的价值。

因此，企业价值是企业的实现获利能力和潜在获利机会的货币化表现，是现实获利能力的价值和潜在获利机会的价值共同构成的企业价值的总体①。

由于评估企业的对象和企业价值评估值的使用者不同，因此在不同领域的价值评估中，有关价值的几种表述如下：

（1）账面价值

账面价值（ 账面净值）（carrying value、book value）是指按照会计核算的原理和方法反映计量的企业价值。《国际评估准则》指出，企业的账面价值是企业资产负债表上体现的企业全部资产（扣除折旧、损耗和摊销）与企业全部负债之间的差额，与账面资产、净值和股东权益是同义的②。

账面价值是指（通常是资产类科目）的账面余额减去相关备抵项目。对于股份公司来讲，账面价值又称股票净值。

① 杨志斌．并购目标企业选择及价值评估案例分析．华中科技大学，2006.

② 刘玉平．《资产评估原理》．高等教育出版社，2015.

对固定资产来讲：

账面价值 = 固定资产的原价 - 计提的减值准备 - 计提的累计折旧（即：固定资产净额）

账面余额 = 固定资产的账面原价

账面净值（固定资产净值） = 固定资产的折余价值 = 固定资产原价 - 计提的累计折旧

（2）公允价值

公允价值（Fair Value）亦称公允市价、公允价格。熟悉市场情况的买卖双方在公平交易的条件下和自愿的情况下所确定的价格，或无关联的双方在公平交易的条件下一项资产可以被买卖或者一项负债可以被清偿的成交价格。在公允价值计量下，资产和负债按照在公平交易中，熟悉市场情况的交易双方自愿进行资产交换或者债务清偿的金额计量。

确定合理的公允价值的三个条件：

- 信息公开，双方对于交易对象所了解的信息是对称的。
- 双方自愿，若没有相反的证据表明所进行的交易是不公正的或处于非自愿的，市场交易价格即为资产或负债的公允价值。
- 对资产或负债进行公平交易。

公允价值在被并企业中的意义：

- 作为被并企业的可接受的底价，形成确定产权交易双方成交价的基础。
- 净资产公允价值与净资产账面价值之间的差额即为被并企业净资产的升值或贬值部分；购买企业投资成本与被并企业净资产公允价值之间的差额为商誉或负商誉。

（3）持续经营价值

在企业估值时，持续经营假设（going-concern assumption）是假设企业在可预见的未来都会维持商业活动。换句话说，企业会持续生产、销售产品或提供服务，使用资产，在相关经济期内实现资产价值最大化，并从最优渠道融资。持续经营价值（going-concern value）是企业在持续经营假设时的价值[①]。

---

① 杰拉尔德·E. 平托等著，刘醒云译．《股权资产估值（原书第2版）》．机械工业出版社，2012.

（4）清算价值

清算价值是指公司撤销或解散时，资产经过清算后，每一股份所代表的实际价值。在理论上，清算价值等于清算时的账面价值，但由于公司的大多数资产只以低价售出，再扣除清算费用后，清算价值往往小于账面价值。在公司估值时，对处在财务困境的公司，采用清算价值往往更合适。

二、企业价值评估

企业价值评估又称公司估值或企业估值，是指把被评估的企业作为一个有机整体，通过对其整体获得能力（现实的和潜在的），并充分考虑影响企业获利能力的各种因素，对其整体资产公允市场价值进行综合性评估。企业价值为公司的市场价值，它是企业股权价值和企业债务的市场价值之和①。

简单的企业价值等式：企业价值 = 净债务 + 股权价值。其中，净债务是指融资性债务与现金的差额，即净债务 = 债务 - 现金。所以简单的企业价值等式为：企业价值 + 现金 = 股权价值 + 债务。这里的“现金”是指没有投入公司运营中的多余的现金及其等价物，即从货币资金总额中扣除用于维持日常经营所需要的现金后的余额。

在对企业估值时，有时对于与主营业务不相关的非核心资产（如公司的交易性金融资产或者投资性房地产，因其未来的收益具有较大的不确定性，难以预测，因此对于与主营业务不相关的非核心资产，其对应的价值不包含在企业价值中）需要进行剔除处理。严格地讲，“企业价值仅是指公司拥有的核心资产运营所产业的价值②”。

关于股权价值，在实务中很多目标企业的合并财务报表中都有少数股东权益一项。对于有少数股东权益的公司，评估的股权价值只是属于母公司股东的股权价值。因此，股权价值一般分为：少数股东股权价值与归属于母公司股东的股权价值。

在价值评估中，价值的一般等式为：

企业价值 + 非核心资产价值 + 现金 = 债务 + 少数股东股权价值 + 归属于母公司股东的股权价值。

---

① 杨志斌．并购目标企业选择及价值评估案例分析．华中科技大学，2006.

② 诚迅金融培训公司．估值建模．中国金融出版社，2011.

在实际的价值评估中，经常会使用价值的一般等式在企业价值和股权价值之间进行转换。如评估一个未上市公司的股权价值，则首先可以用估值方法、模型评估出该公司的企业价值，然后再利用价值的一般等式“从左到右”，推出该公司的股权价值。

对于发行带有选择权的金融工具的企业，如可转债、认股权证等。在计算企业价值与股权价值时，需要考虑相应的金融工具的价值，其价值等式为：

企业价值 + 非核心资产价值 + 现金 = 短期债务 + 长期债务 + 可转换债券 + 认股权证 + 少数股东股权价值 + 归属于母公司股东的股权价值。

三、企业价值评估的目的与意义

企业价值评估的目的在于确定目标企业被并购后作为一个整体的未来动态价值，揭示的是拥有和运用这些资产或股权所带来的资本收益，它从目标企业与并购方企业的协同效应来评估。对并购方而言，价值估值可以帮助公司：

- 将对行业和公司的认识转化为具体的投资建议。
- 预测公司的策略及实施对公司价值的影响。
- 深入了解影响公司价值的各种变量之间的相互关系。
- 判断公司的资本性交易对其价值的影响。

第二节　企业价值评估方法

企业并购中对目标企业的价值做恰当的评估是非常重要的环节，是并购双方交易定价的基础。根据中国资产评估协会〔2017〕36 号《资产评估执业准则——企业价值》，企业价值评估的基本方法：收益法（收益折现基础法）、市场法（相对价值基础法）、成本法（资产基础法）。如图 7－1 所示。

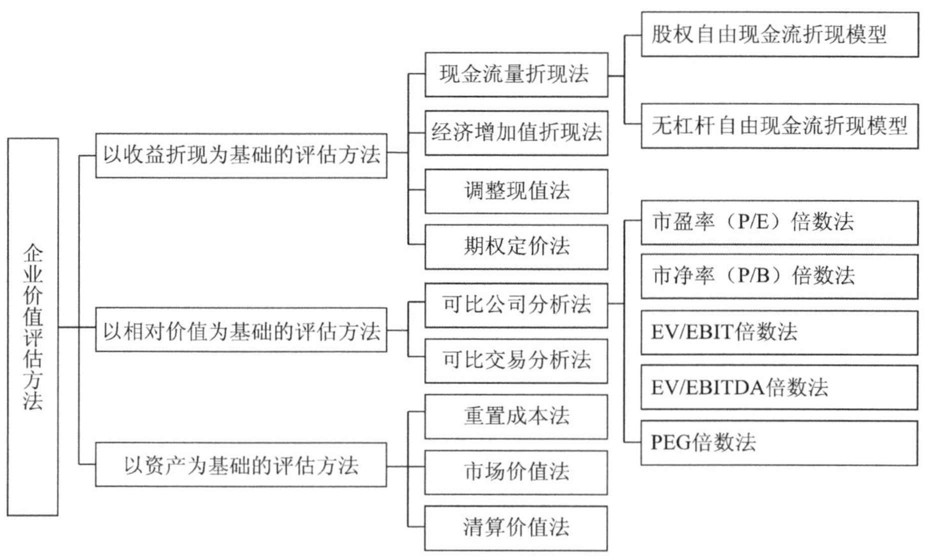

图7－1　企业价值评估方法

一、收益法（收益折现基础法）

（一）收益法概述

收益法是通过将被评估企业预期收益资本化或折现来确定被评估企业价值。收益法是目前较成熟、使用较多的估值技术，主要包括现金流量折现法、经济增加值折现法、调整现值法、期权定价法等方法。

（1）收益法估值的基本原理

收益法估值的理论基础在于：假设价值来源于未来流入的现金流，将这一笔笔的现金流分别以一定比率折回到当前，再进行加总就得到了相应价值。如果这些现金流是属于所有出资人的，折现加总得到的就是企业价值；如果现金流只是属于股权出资人的，折现加总得到的就是股权价值。如图7－2所示。

收益法估值原理下，价值的计算公式为：

$$V = \sum_{t=1}^{\infty} \frac{CF_t}{(1+i_t)^t}$$

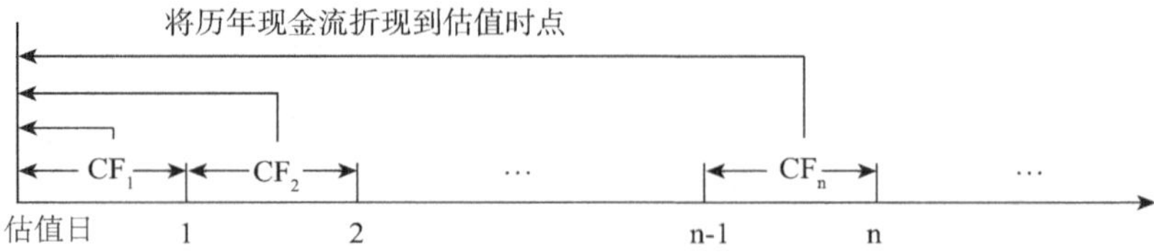

图 7－2 收益法估值的基本原理

其中，V 为总价值；t 为时期；CF_t为第 t 期的现金流；i_t为能够反映当期现金流不确定性的折现率。由于在实务中通常用一个折现率代表所有时期的折现率，因此，上式可以简化为：

$$V = \sum_{t=1}^{\infty} \frac{CF_t}{(1+i)^t}$$

其中，V 为总价值；t 为时期；CF_t为第 t 期的现金流；i 为未来所有时期的平均折现率。

(2) 收益法估值的一般形式

在使用折现现金流法对公司进行价值评估时（无论是企业价值或股权价值），一般都要预测所估值公司未来几年的财务状况，从而尽量准确地估算出每一年的现金流。为提高预测的准确性，在实际使用时都会设定一个预测期，在预测期内详细地预测公司各方面的财务状况。对于在预测期之后公司运行产业的价值，即终值，可以采用 Gordon 永续增长模型和终值倍数法来进行估算。

目前，两阶段模型是收益法估值中较为常见的类型，它把预测时间分为两个阶段。第一个阶段称为详细预测期，此期间通过对公司收入和成本、资产与负债等项目的详细预测，得出每一时间段的现金流。第二阶段称为终值期，这段时期的现金流在详细预测期最后一年的价值称为终值（Terminal Value，TV）。如图 7－3 所示。

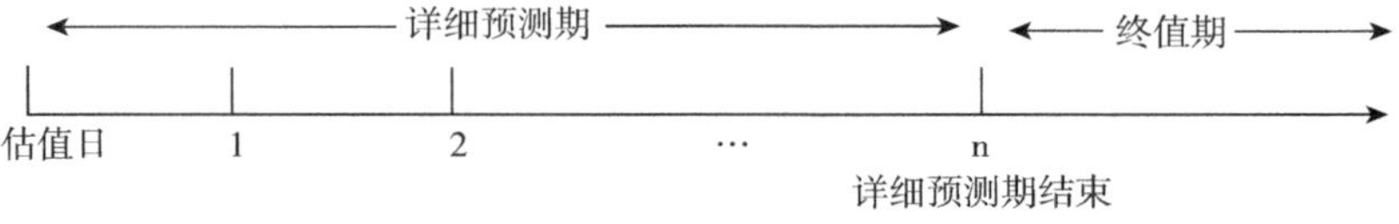

图 7－3 详细预测期与终值期

在两阶段预测模型中，价值的计算公式为：

$$V = \sum_{t=1}^{n} \frac{CF_t}{(1+i)^t} + \frac{TV}{(1+i)}$$

其中，V 为总价值；CF_t为第 t 期的现金流；i 为未来所有现金流的平均折旧率；n 为预测基数；TV 为终值。实务中，预测期期数可以不是整数，终值折现年份也可能不等于预测期期数。

对于终值估计的两种方法，分别介绍如下：

第一，Gordon 永续增长模型。

Gordon 永续增长模型的原理是：假设公司在详细预测期之后，现金流以一个稳定的增长率永续增长，将终值期所有现金流折现到详细预测期最后一年并加总，即可得到终值价值。如图 7－4 所示。

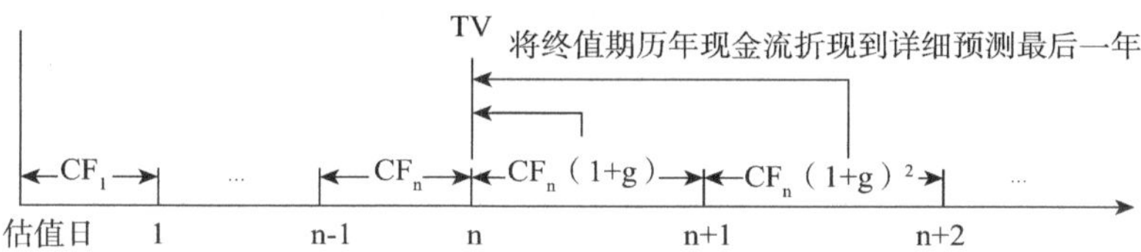

图 7－4　Gordon 永续增长模型原理

其中，假设预测期共有 n 期，预测期最后一年现金流为 CF_n，永续增长率为 g，折现率为 i，则有：

$$TV = \frac{CF_n \times (1+g)}{i-g}$$

此时，价值的计算公式为

$$V = \sum_{t=1}^{n} \frac{CF_t}{(1+i)^t} + \frac{CF_n \times (1+g)}{(i-g)(1+i)^n}$$

第二，终值倍数法。

终值倍数法的原理是：假设在详细预测期最后一期的期末将公司售出，售出时的价格即为终值，常用详细预测期最后一期的某一业绩指标的倍数来估算终值，即

TV = 详细预测期最后一期的某一指标 × 该指标倍数

用终值倍数法估算终值实际上使用的是以相对价值为基础的评估方法，在实务中主要估计一个合适的倍数。如果是用红利折现或者股权自由现金流折现，则可用市盈率、市净率等估算终值；如果是无杠杆自由现金流折现，则是将最后一年的营业利润或 EBIT（息税前利润）或 EBITDA（息税折旧摊销前利润）乘以适当的倍数，预估出终值。

$$V = \sum_{t=1}^{n} \frac{CF_t}{(1+i)^t} + \frac{\text{指标}_n \times \text{该指标对应的退出倍数}}{(1+i)^n}$$

(3) 收益法基本步骤

使用收益法计算股权价值时，一般包括六个步骤：

第一，分析历史绩效。

对企业历史绩效进行分析，了解企业的过去绩效情况，为后期的绩效预测提供一个参考基点，为预测未来的现金流量做准备。历史绩效分析主要是对企业过去的财务报表进行分析，明确企业发展的关键价值驱动因素。

第二，选择适用的估值模型。

由于实务中，估值参数选择的不同，可能会导致不完全相同的估值结果，并且不同的估值模型，往往适用的公司类型也不相同。因此，公司估值之前要选择合适的估值模型。

第三，确定预测期间，计算预测期内的现金流。

在预测企业未来的现金流量时，通常会人为确定一个预测期间，对预测期后的现金流量使用终值估算模型处理。这期间的长短取决于企业的行业背景、管理部门的政策、并购的环境等，通常为 5 ~ 7 年。预测未来的现金流时，注意不同的估值模型使用的现金流是不同的，如股权自由现金流折现模型使用的现金流是股权自由现金流，而无杠杆自由现金流折现模型使用的是无杠杆自由现金流。

第四，选择合适的折现率。

折现率是指将来预测期内的预期收益折算成现值的比率，有时也称资本成本率。不同的现金流种类，其折现率是不同的，如股权自由现金流折现使用的折现率为股权资本成本，而无杠杆自由现金流折现使用的折现率为加权平均资本成本（Weighted Average Cost of Capital，WACC）。

第五，预测终值（企业连续价值）。

第六，对预测期现金流及终值进行折现，加总得到未来所有期间的价值。

若折现现金流对应的不是股权价值，需要调整至股权价值①。

（二）现金流量折现法

现金流是指一项投资或资产在未来不同时点所发生的现金流入与流出的数量，净现金流是现金流入量与现金流出量的差额。根据不同的评估思路，现金流主要分为两种：一种是股权自由现金流；另一种是无杠杆自由现金流。

1. 股权自由现金流折现模型

（1）计算股权自由现金流

股权自由现金流量（Free Cash Flow of Equity，FCFE）是归属于股东的现金流量，是指公司经营活动产生的现金流量在扣除业务发展的投资需求和对其他资本提供者的分配之后能够分配给股东的现金流量，其计量公式为②：

FCFE = 实体现金流量 - 债务现金流量

= 营业现金毛流量 - 经营营运资本增加 - （净经营性长期资产增加 + 折旧与摊销） - 债务现金流量

= 税后经营利润 - 净经营资产增加 - （税后利息费用 - 净负债增加）

= 税后经营利润 - 净经营资产增加 - 税后利息费用 + 净负债增加

（2）选择折现率——资本资产定价模型

资本资产定价模型（Capital Asset Pricing Model，CAPM），是由威廉·夏普、约翰·林特纳、莫辛一起创造发展的，旨在研究证券市场价格关系的模型。

CAPM 是一个理论性很强的模型，CAPM 假设，市场上所有的投资者对于风险和收益的评估仅限于对于收益变量的预期值和标准差的分析，而且所有投资者都是完全理智的。市场是完全公开的，所有投资者的信息和机会完全平等，任何人都可以以唯一的无风险利率无限制地贷款或借出。

资本资产定价模型主要表示某种证券或投资组合的收益率与系统风险报酬率之间的关系，即某种证券或投资组合的收益率分为两部分：无风险利率和系统风险的报酬率。当投资者承担更高的风险时，需要获得更多的预期收益来补偿，这部分补偿常称作风险溢价或风险贴水。CAPM 模型用公式表示：

---

① 诚迅金融培训公司．《估值建模》．中国金融出版社，2011．财政部会计资格评价中心．《高级会计实务》．经济科学出版社，2017．

② 中国注册会计师协会．《财务成本管理》．中国财政经济出版社，2017．

股票的预期收益率 = 无风险利率 + 市场风险溢价 × 能够反映公司系统风险状况的调整系统，即

$$E(R) = R_f + \beta[E(R_m) - R_f]$$①

式中：R_f：无风险收益率；

$E(R_m)$：市场的期望收益率；

$E(R_m) - R_f$：市场风险溢价；

β：不可分散化的风险；

E（R）：投资者要求的预期收益率。

估计投资者要求的预期收益率涉及的参数项包括无风险收益率、市场风险溢价和 β 值。无风险收益率（R_f）表示当风险为零时，投资者仍期望所能得到的补偿。通常选取适当的国债利率作为无风险利率，因为政府的信用等级是最高的。在价值评估实务中，经常使用10年期国债的当前收益率作为无风险利率。$E(R_m) - R_f$ 表示存在风险时给予的补偿，即市场风险溢价。对于新兴市场的风险溢价，通常用成熟市场的长期平均市场风险溢价加上新兴市场溢价（2%～5%）来估计新兴市场的市场风险溢价。β是一种系统风险指数，这用于衡量市场的期望收益率对于无风险收益率变动的敏感度。它是公式中唯一与公司本身有关的参数，每个公司都有它自己的β值。β值不仅受到公司经营风险的影响，还受到财务风险（财务杠杆）因素的影响。在实务中，通常把包含了财务杠杆信息的 β 值称为含杠杆的 β 值，不含财务杠杆信息的 β 值称为不含杠杆的 β 值。由于不同公司的财务杠杆是不同的，因此经常需要在含杠杆的 β 值和不含杠杆的 β 值之间进行去杠杆化和再杠杆化调整②。公式为：

$$\beta_U = \frac{\beta_L}{1 + \frac{D}{E} \times (1 - t)} \quad \text{（去杠杆化）}$$

$$\beta_L = \beta_U \times \left[1 + \frac{D}{E} \times (1 - t)\right] \quad \text{（再杠杆化）（哈马达方程）}$$

式中，β_L 表示含杠杆的β值，β_U 表示不含杠杆的β值，D表示负债的市

① 俞明轩等.《企业价值评估》. 中国人民大学出版社,2004.

② 诚迅金融培训公司．《估值建模》．中国金融出版社，2011.［美］埃斯瓦斯·达莫达兰著，李必龙，李羿，郭海等译．《估值：难点、解决方案及相关案例》．机械工业出版社，2013.

场价值，E 表示权益的市场价值，t 表示所得税税率。

实务中，由于含杠杆的 β 值受到公司财务杠杆的影响，财务杠杆带来的风险在可比公司之间一般不具有可比性，所以不能直接以可比公司含杠杆的 β 值的平均值作为目标公司的参考值，而需要经一个去杠杆化和再杠杆化的过程，从而得到一个符合目标财务杠杆的 β 值。方法如下：

①找到可比公司含杠杆的 β 值。

②通过去杠杆化公式，卸载可比公司财务杠杆。

③计算可比公司不含杠杆的 β 值的平均值，作为目标公司不含杠杆的 β 值的参考值。

④通过再杠杆化公式，将计算的目标公司不含杠杆的 β 值的参考值代入目标公司的杠杆，对目标进行加载财务杠杆，从而得到目标公司含杠杆的 β 值①。

另外，β 值的估计还可以通过回归分析的方式得到，在此不过多赘述，有兴趣的读者可以阅读相关书籍材料。

（3）计算终值（TV）

对于股权自由现金流的终值的计算方法，可以采用 Gordon 永续增长模型和终值倍数法。以 Gordon 永续增长模型为例，在该模型的假设下，公司的股权自由现金流按照稳定的增长率（g）永续增长。此时，

$$\mathrm{TV} = \frac{FCFE_n \times (1+g)}{i-g}$$

式中，假设预测期共有 n 期，预测期最后一期股权自由现金流为 $FCFE_n$，永续增长率为 g，权益要求的回报率为 i。

相关原理与方法，详见本章节“（一）收益法概述（2）收益法估值的一般形式”内容。

（4）计算股权价值

股权自由现金流折现模式就是对股权自由现金流进行折现以评估股权的价值。将未来的股权自由现金流分为详细预测期现金流和终值期现金流，则股权自由现金流折现模型的一般形式为：

---

① 诚迅金融培训公司．《估值建模》．中国金融出版社，2011．中国注册会计师协会．《财务成本管理》．中国财政经济出版社，2017.

$$股权价值 = \sum_{t=1}^{n} \frac{FCFE_t}{(1+i)^t} + \frac{TV}{(1+i)^n}$$

以 Gordon 永续增长模型估算终值的股权价值公式为：

$$股权价值 = \sum_{t=1}^{n} \frac{FCFE_t}{(1+i)^t} + \frac{TV}{(1+i)^n} = \sum_{t=1}^{n} \frac{FCFE_t}{(1+i)^t} + \frac{FCFE_n \times (1+g)}{(i-g) \times (1+i)^n}$$

其中，$FCFE_t$ 为第 t 年的股权自由现金流；n 为详细预测期的期数；g 为永续增长率；i 为权益的要求回报率，可以用资本资产定价模型（Capital Asset Pricing Model，CAPM）方法计算。

2. 无杠杆自由现金流折现模型

无杠杆自由现金流（UFCF），又称公司自由现金流（Free Cash Flow of Firm，FCFF），是归属于公司股东和债权人的现金流量，是指公司经营活动产生的现金流量在扣除业务发展的投资需求后能够分配给资本提供者（股权和债权出资人）的现金流量，它等于企业的税后净营业利润，即将公司不包括利息收支的营业利润扣除所得税税金之后的数额加上折旧及摊销等非现金支出，再减去营运资本的增加额和厂房设备及其他方面的资本支出。

（1）计算无杠杆自由现金流

自由现金流量（FCFF）=（税后净营业利润 + 折旧及摊销）－（资本支出 + 营运资本增加）

需要注意的是，利息费用属于债权人的自由现金流量，在计算企业自由现金流量时不能扣除。

税后净营业利润 = 息税前利润（EBIT）×（1－所得税税率）

①息税前利润（EBIT）

息税前利润（EBIT）= 主营业务收入－主营业务成本 ×（1－折扣和折让）－税金及附加－管理费用－销售费用

②折旧及摊销

折旧及摊销不是当期的现金支出，却从当期的收入中作为费用扣除，因此看作一种现金的来源。

③资本支出

资本支出，是指企业为维持正常生产经营或扩大生产经营规模而在物业、厂房、设备等资产方面的再投入。

④营运资本增加

营运资本等于流动资产与流动负债的差额，营运资本的变化反映了库存、应收/应付项目的增减。由于库存、应收款项的增加而占有资本不能用作其他用途，所以营运资本的变化会影响企业的现金流量。

（2）选择并计算折现率——加权平均资本成本

由于公司自由现金流是归属于公司股东和债权人的现金流量，一般采用加权平均资本成本作为选择的折现率。

加权平均资本成本（Weighted Average Cost of Capital，WACC），是指企业以各种资本在企业全部资本中所占的比重为权数，对各种长期资金的资本成本加权平均计算出来的资本总成本。

根据加权平均资本成本模型，由于并购企业用于投资被并购企业的资本一般既有自有资本也有负债，所以这种投资的资本成本是两者的加权平均，用公式表示为：

$$r_{WACC}=\frac{E}{(E+D)}\times r_e+\frac{D}{(E+D)}\times r_d\times(1-t)$$ ①

式中，r_{WACC}为企业的加权平均资本成本；D 为企业负债的市场价值；E 为企业权益的市场价值；r_e 为股权资本成本；r_d 为税前债务成本；t 为所得税税率。其中，r_e 可采用上文的资本资产定价模型（CAPM）来计算。

（3）计算终值（TV）

对于无杠杆自由现金流的终值的计算方法，可以采用 Gordon 永续增长模型和终值倍数法。以 Gordon 永续增长模型为例，在该模型的假设下，公司的无杠杆自由现金流按照稳定的增长率（g）永续增长。此时，

$$TV=\frac{UFCF_n\times(1+g)}{r_{wacc}-g}$$

式中，假设预测期共有 n 期，TV 为预测期末的终值，$UFCF_n$ 为预测期最后一期无杠杆自由现金流，g 为永续增长率，r_{wacc}为加权平均资本成本。

（4）预测企业价值

企业价值等于预测期内现金流量的折现值之和，加上终值的现值，无杠杆自由现金流折现估算企业价值模型的一般形式为：

① 财政部会计资格评价中心.《高级会计实务》. 经济科学出版社，2017.

$$企业价值(EV) = \sum_{t=1}^{n} \frac{UFCF_t}{(1+r_{WACC})^t} + \frac{TV}{(1+r_{WACC})^n}$$

以 Gordon 永续增长模型估算终值的企业价值预测公式为：

$$企业价值(EV) = \sum_{t=1}^{n} \frac{UFCF_t}{(1+r_{WACC})^t} + \frac{TV}{(1+r_{WACC})^n}$$

$$= \sum_{t=1}^{n} \frac{UFCF_t}{(1+r_{WACC})^t} + \frac{UFCF_n \times (1+g)}{(r_{WACC}-g) \times (1+r_{WACC})^n}$$

式中，EV 为企业价值，TV 为预测期末的终值，n 为确定的预测期，$UFCF_t$ 为确定预测期内第 t 年无杠杆自由现金流量，g 为永续增长率，r_{WACC}为加权平均资本成本。

【案例 7－1】收益法企业价值评估

X 公司是上海一家高新技术企业，主营业务是利用移动互联网，面向汽车用户提供高品质的车载多媒体与生活服务信息服务。Y 公司在深圳，与 X 公司经营同类业务。X 公司为实现立足上海、辐射全国、走向全球的战略目标，在 2016 年 1 月，X 公司提出对 Y 公司进行战略并购。

X 公司聘请投资银行和专业评估机构对 Y 公司进行价值评估。专业评估机构以 2017—2021 年为预测期，对 Y 公司的财务数据进行预测。相关预测数据，如表 7－1 所示。

表 7－1 Y 公司 2017—2021 年财务预测数据

单位：万元

项目	2017 年	2018 年	2019 年	2020 年	2021 年
税后净营业利润	1300	1690	1920	2230	2730
折旧与摊销	500	650	800	950	1050
资本支出	1200	1200	1200	800	800
营运资本增加额	200	300	600	1200	1000

评估机构确定的公司估值基准日为 2016 年 12 月 31 日，在该基准日，Y 公司资本结构为：债务/权益（D/E）＝0.55。

假定等到到期日距离该基准日5年以上的国债作为标准，计算出无风险报酬率为3.55%。

选取上证综合指数和深证成指，计算从2007年1月1日—2016年12月31日10年间年均股票市场报酬率为10.62%，减去2007—2016年期间平均无风险报酬率为3.65%，计算出市场风险溢价为6.97%。

选取同行业5家上市公司剔除财务杠杆的β系数，其平均值为1.28，以此作为计算Y公司β系数的基础。

目前5年以上贷款利率为4.95%，以此为基础计算Y公司的债务资本成本。

Y公司为高科技企业，企业所得税税率为15%。

假定从2022年起，Y公司自由现金流量以5%的年复利增长率固定增长。

本例中，运用现金流量折现法对Y公司进行的价值评估过程如下：

（1）根据财务预测数据，计算Y公司预测期各年自由现金流量

表7-2 Y公司预测期各年自由现金流量

单位：万元

项目	2017年	2018年	2019年	2020年	2021年
自由现金流量	400	840	920	1180	1980

（2）计算加权平均资本成本

$$\beta = 1.28 \times [1 + (1 - 15\%) \times 0.55] = 1.88 \text{(加载杠杆)}$$

$$r_e = 3.55\% + 1.88 \times (10.62\% - 3.65\%) = 16.65\%$$

$$r_d = 4.95\%$$

$$r_{WACC} = \frac{E}{E+D} \times r_e + \frac{D}{E+D} \times r_d \times (1 - 15\%)$$

$$= \frac{1}{1.55} \times 16.65\% + \frac{0.55}{1.55} \times 4.95\% \times (1 - 15\%) = 12.23\%$$

（3）计算Y公司预测期末价值

$$TV = \frac{FCF_n \times (1+g)}{r_{WACC} - g} = \frac{1980 \times 1.05}{12.23\% - 5\%} = 28755.19 \text{（万元）}$$

（4）计算 Y 公司的价值

$$EV = \frac{400}{(1+12.23\%)} + \frac{840}{(1+12.23\%)^2} + \frac{920}{(1+12.23\%)^3} + \frac{1180}{(1+12.23\%)^4} + \frac{1980}{(1+12.23\%)^5} + \frac{28755.19}{(1+12.23\%)^5} = 19679.9\text{（万元）}$$

（三）经济增加值折现法

1. 经济增加值概念

（1）经济增加值定义与公式

经济增加值（Economic Value Added，EVA）是美国思腾思特（stern Stewart）管理咨询公司开发并推广的一种有效的价值评价指标。国务院国有资产监督管理委员会结合国有企业实际，对 EVA 指标进行了简化，并于 2010 年开始对中央企业负责人实行经济增加值考核。

经济增加值是指企业税后净营业利润减去资本成本后的余额。即

经济增加值 = 税后净营业利润 - 资本成本

= 税后净营业利润 - 调整后资本平均资本成本率

其中，税后净营业利润 = 净利润 + （利息支出 + 研究开发费用调整项）（1 - 25%）

需要注意的是，企业通过变卖主业优质资产等取得的非经常性收益在税后净营业利润中全额扣除，不计入企业实际经营业绩中。

调整后的资本 = 平均所有者权益 + 平均负债合计 - 平均无息流动负债 - 平均在建工程

（2）EVA 调整项目说明

①利息支出未从企业营业利润中扣除。

②研究开发费用作资本化摊销。

③在建工程没有产生收益，未转为固定资产时，应从资本总额中扣除。

④商誉资本化不摊销。

2. 经济增加值折现法的一般形式

经济增加值折现法评估企业价值的基本原理是：企业价值等于估值时点投入资本的账面值加上未来所有经济增加值的折现值，折现率使用加权平均资本成本。

经济增加值折现法的通用形式为：

$$EV = IC_0 + \sum_{t=1}^{n} \frac{EVA_t}{(1 + r_{WACC})^t} + \frac{TV}{(1 + r_{WACC})^n}$$ ①

式中，EV 表示企业价值，IC_0表示估值时点投入资本的账面价值，EVA_t表示预测期第 t 期的经济增加值，n 表示详细预测期基数，r_{WACC}表示加权平均资本成本，TV 表示经济增加值的终值。

在计算 EVA 的终值 TV 时，同样可以采用 Gordon 永续增长模型和终值倍数法。

（四）收益法估值总结

（1）收益法估值的优点

收益法估值使用反映企业的未来的经营与发展状况的现金流，可以体现公司未来发展的信心和前景。

收益法估值时，评估的是企业的内含价值，评估指标与结果数据受短期内的市场变动与其他非经济因素的影响不大。

收益法估值的结果相对其他估值模型来讲，其可信度是比较高的。

（2）收益法估值的不足

收益法估值模型需要详细预测公司未来一段时期内现金流与经营业绩状况，操作起来相对比较复杂，专业性较强。

收益法估值中相关参数和变量的假设，主观性较大，往往不同的人员使用同一模型所预测的结果可能有较大差异。

收益法估值模型中的折现率的准确获得是比较困难的，同样存在着较大的不确定性。

二、市场法（相对价值基础法）

市场法是指利用市场上相似或类似企业的近期交易的公允价格，经过类比分析并根据实际情况进行修正之后，而得到的目标企业的价值评估结果。

应用市场法进行企业价值评估时，其前提条件：一是在一个交易完善活跃的市场上进行，并且该市场信息资料较为公开，且易于获取；二是选取的对比的企业与目标企业之间，无论在主营业务、企业规模、目标市场等方面具有较

① 诚迅金融培训公司.《估值建模》. 中国金融出版社，2011.

充分的可比性，尤其是在具体的比较指标和参数上。

目前市场法中常用的两种方法是可比公司分析法和可比交易分析法，其中又以可比公司分析法更为常见。

（一）可比公司分析法

可比公司分析法是以选取具有可比性的参照公司，在市场上的当前交易股价和财务数据为基础，选出一组具有可比性的估价指标和比率系数，然后用这些比率作为乘数计算得到目标企业的股权价值或者企业价值。如果拟估值的目标企业属于多元化企业，则可以分别对其各个不同的业务板块，选取不同的可比企业，分别进行各业务板块的价值评估，之后将汇总修正，形成目标企业的整体的价值。

可比公司分析法的基本思路如下：

第一，选择可比公司。可比公司通常是指与目标公司所处的行业、公司的主营业务或主导产品、市场占有率、公司规模、盈利能力、资本结构、市场环境及风险承受度等方面相同或相近的公司。实务中，一般要先初选一轮，然后再进行聚焦，直到挑选出可比条件最优的参照公司，数量以4~5家为好。

第二，选取或计算可比公司的估值指标。一般情况下，常用的可比公司估值指标有两类：

一是基于市场价格的乘数指标。常见的乘数指标有市盈率（Price/Earnings，P/E）、市净率（Price/Book Value，P/B）、市销盈（P/S）等。

二是基于企业价值的乘数。企业价值代表企业股权所有者和债权所有者的总价值。对于具有不同杠杆水平的企业价值的比较，则基于企业价值的估值乘数更合适。常用的企业价值估值乘数有EV/EBIT、EV/EBITDA、EV/FCF等。其中，EV为企业价值，EBIT为息税前利润，EBITDA为息税折旧摊销前利润，FCF为企业自由现金流量。

对于一些特殊的行业，有时需要使用符合该行业特点的估值指标，如EV/产能、EV/装机容量、EV/矿产储量、EV/点击量、EV/Sub（用户数）等。

第三，运用选出的相关乘数计算适用于目标公司的可比指标。通过计算，选取可比公司的可比乘数指标的不同年度的平均值或中位数，作为计算目标企业指标的参考值。在计算可比公司可比指标的平均值或中位数时，还需要注意剔除其中的异常值（如负值、异常大值、异常小值等）。

第四，计算目标企业的企业价值或者股权价值。用第三步中计算得到的可比指标值乘以目标企业相应的价值乘数指标，从而计算出目标企业的企业价值

（EV）或股权价值。需要注意的是，如果目标企业的技术、资金、人力、市场等实力比较雄厚，未来发展前景很好，是行业内的龙头企业，则可以在计算得到的可比指标的平均值或中位数基础上，进行一定程度的上浮。

1. 市盈率法（P/E）

（1）市盈率法概念

市盈率（P/E）等于企业股权价值与净利润的比值。计算公式为：

市盈率＝每股价格÷每股净利润，或者市盈率＝股权价值÷净利润市盈率法是目前股权市场应用最为普遍的估值指标。投资时经常会用到静态市盈率和动态市盈率。静态市盈率计算公式中使用的净利润是企业上一财年度的净利润；而动态市盈率则使用的是最近四个季度的净利润。动态市盈率反映的信息比静态市盈率更贴近企业实际。

在使用市盈率法估值时，一般先选择一组可比公司，计算可比公司的市盈率的平均值，以该市盈率作为目标公司估值的市盈率倍数，乘以目标公司的净利润或者每股净利润，从而得到目标公司的股权价值或者每股价值。

（2）使用市盈率法估值时注意的问题

①市盈率法假设前提

- 可比公司必须是上市公司，股票能够公开发行。
- 交易市场是成熟完善的。
- 宏观经济处于平稳时期，证券交易市场不处于大起大落的时期（即股票市场不处于价值严重高估或严重低估）。

②市盈率修正问题

市盈率修正问题分为两类：

一是如果目标公司是非上市公司，存在股票变现难、风险较大的问题，因此需要对可比指标数值乘以流动性折扣系数。

二是选择可比企业的时候，经常找不到符合条件的可比公司，尤其是要求的可比条件比较严格，或者同行业的上市企业很少的时候，经常找不到足够的可比公司。该情况下，需要采用修正的市盈率。

修正市盈率计算公式为：修正市盈率＝实际市盈率÷（预期增长率×100）[①]。

① 中国注册会计师协会，《财务成本管理》，中国财政经济出版社，2017.

【案例7－2】修正市盈率评估方法

甲企业是一个物流企业，其每股收益为0.5元/股，预期增长率为15.5%，同行业上市企业中，增长率、股利支付率和风险与甲企业类似的可比企业有3家，各家的市盈率和预期增长率如表7－3所示。

表7－3 类似的可比企业市盈率和预期增长率

公司名称	实际市盈率（%）	预期增长率（%）
A	26.5	13
B	32.1	17
C	33.3	18
平均值	30.6	16

基于非修正的市盈率法对甲企业的每股价值进行估值：

甲企业每股价值＝0.5×30.6＝15.3（元/股）

基于修正市盈率法对甲企业的每股价值进行估值：

修正的平均市盈率＝可比企业平均市盈率÷（平均预期增长率×100）

＝30.6÷16

＝1.91

甲企业每股价值＝修正平均市盈率×目标企业预期增长率×100×目标企业每股收益

＝1.91×15.5%×100×0.5

＝14.8（元/股）

③净利润的调整

公司的可比分析，通常是针对公司的正常经营的主营业务形成的净利润。因此，需要对可比公司会计上净利润中受到非经济性损益的影响进行调整。常见的需要调整的项目有：

- 重组成本，上市公司重大资产重组获得的收益不属于经常性项目，需要剔除。

- 一次性较大的计提。
- 处置固定资产或无形资产等获得的收入等。

(3) 市盈率法的局限

市盈率法比较直观，且使用的参数值易于在公开的市场中获取，因此在估值实务中的应用比较广泛。但市盈率法也存在一定的局限性：

- 对于收益或预期收益为负的公司，市盈率法无法使用。
- 市盈率法中的公司净利润值容易受到主观因素的影响，如不同的折旧方法、折旧年限、大额计提等。
- 由于可比公司的选择，有较大的主观性，且不同的公司之间内在差异性很大，导致市盈率法估算的股权价值差异很大。

2. 市净率法（Price to book ratio，即 P/B）

(1) 市净率法概念

市净率法（P/B）也称为市账率法，反映了一家公司的股权价值对其净资产的倍数。市净率（P/B）计算公式为：

$$市净率 = 每股市价 \div 每股净资产$$

或

$$市净率 = 股权价值 \div 净资产$$

市净率法估值的思路与市盈率法类似。首先选择一组可比公司，计算其平均市净率，有时可能会进行调整，并以此作为目标公司的市净率倍数，乘以目标公司的净资产或每股净资产，从而计算目标公司的股权价值或者每股价值。

(2) 市净率法应用时需注意的问题

①可比公司净资产的调整化。剔除非经常性活动导致的可比公司净资产的增加或减少。

②不同公司之间因会计制度等问题，导致账面净资产发生变化，使得可比性降低。

③市净率法以公司当前的净资产为基础进行估值，而对净资产的未来所能产业的价值未予考虑或关注。

3. 企业价值/EBIT 倍数法

EBIT 全称为（Earnings Before Interest and Tax，EBIT）即息税前利润，指扣除利息费用和所得税之前的利润。该利润对应的价值是企业所有者的价值（包括股权所有者和债权人）。

使用企业价值/EBIT 指标计算企业价值的公式为：

EV（企业价值）=EBIT×（EV/EBIT 倍数）

企业价值/EBIT 估值的思路同市盈率法：

一是选择可比公司。可以从同行业中选取业务、规模、投入资本回报率等方面具有可比性的上市公司。

二是计算可比公司的 EV/EBIT 倍数。首先根据可比上市公司股价计算其股权价值，然后加上可比公司债权价值，扣除现金及非核心资产得到企业价值（EV），除以可比上市公司的 EBIT，得到可比目标公司的 EV/EBIT 倍数的均值。有时根据可比上市公司的不同情况，需要对 EV/EBIT 倍数进行适当调整。

三是计算目标公司的 EV。根据计算得到的可比公司 EV/EBIT 倍数均值，乘以目标公司的 EBIT，得到目标公司的 EV（企业价值）。也可以进一步反推目标公司的股权价值和每股的价格。

4. 企业价值/EBITDA 倍数法

税息折旧及摊销前利润（Earnings Before Interest，Taxes，Depreciation and Amortization，EBITDA），即扣除利息、税项、折旧及摊销前的利润。EBITDA 对应的是企业价值。企业价值/EBITDA 倍数法计算企业价值的一般公式为：

EV=EBITDA×（EV/EBITDA 倍数）

EBITDA=净利润+所得税+利息+折旧+摊销

或 EBITDA=EBIT+折旧+摊销

EV/EBITDA 进行目标公司估值的思路同 EV/EBIT。同样分三步：选择可比公司；计算可比公司 EV/EBITDA 倍数，并适当调整；计算目标公司的企业价值。

EV/EBITDA 与 EV/EBIT 相对，由于 EBITDA 剔除了折旧与摊销因素对企业 EBIT 的影响，因此 EV/EBITDA 更适用于重资产型行业的估值。如重资产的公司，因折旧政策的不同，导致不同公司之间的净利润会有较大的不同。另外，重资产行业内的公司因发展阶段的不同，同样会产业较大折旧和摊销值，也会较大影响企业的净利润。

5. PEG 倍数法

PEG 倍数（市盈率相对盈利增长比率）是 Jim Slater 发明的一个股票估值

指标，是在 P/E（市盈率）估值的基础上发展起来的，它弥补了 P/E 对企业动态成长性估计的不足，尤其是高成长型公司。

PEG = 股权价值 ÷（净利润 × 盈利增长率）
= 每股价格 ÷（每股收益 × 盈利增长率）
= 市盈率 ÷ 盈利增长率

其中，盈利增长率是不带百分号的增长率（增长率数值的 100 倍），通常会选取未来 3 ~ 5 年预期的年复合增长率。PEG 倍数法计算股权价值的公式为：

股权价值 = 净利润 × PEG × 盈利增长率

或

每股价值 = 每股收益 × PEG × 盈利增长率

6. 市现率（Price Cash Flow Ratio，PCF）

市现率是股票价格与每股现金流量的比率。市现率越小，表明上市公司的每股现金增加额越多，经营压力越小。

市现率 = 股权价值 ÷ 经营性现金流净额或市现率 = 股权价值 ÷ EBITDA

市现率（股权价值或市值与经营性现金流净额之比）是一个很好的指标。经营活动现金流量净额 = 现金及现金等价物的净增加额 - 筹资活动产生的现金流量净额 - 投资活动产生的现金流量净额。间接法下的企业的经营现金流可以用税息折旧及摊销前利润（EBITDA）代表。因为企业的“经营现金流”可由净利润加回折旧和摊销、加或减营运资本的变化调节得到的。

7. 可比市场分析估值指标的应用行业

在应用可比市场分析法进行估值时，通常需要选择合适的可比分析指标，不同的可比指标的应用领域如表 7 - 4 所示。

表 7 - 4　可比市场分析估值指标适用表

可比指标	适用行业
EV/EBITDA、EV/Sub（用户数）	电信运营业
EV/Sub（用户数）、EV/点击量	互联网行业
P/B	银行业

续表

可比指标	适用行业
P/E	公共服务业、食品行业、道路运输业
PEG、P/E	商业模式相对稳定、盈利能力强且现金流良好的高成长性行业/企业
EV/EBITDA、EV/储量、EV/矿产储量、EV/装机容量、EV/产能	石油、天然气、采矿业、电力行业、水泥、钢铁等重资产制造业

【案例7-3】可比公司分析法估值的案例

可比公司分析法是通过寻找具有类似特征（营业收入、目标市场、增长率、资本结构、现金流等）的比较对象，再通过对比较对象的相关数据进行适当调整，计算出可比公司的净利润、息税折旧摊销前利润（EBITDA）、市盈率（P/E）①、市净率（P/B）、市销率（P/S）、市现率（PCF）等数据，再分别乘以目标公司的净利润，从而计算出目标公司的股权价值的方法。

第一步，选取可比公司。

选择可比公司时，通常先拟定好相关性较强的可比指标，如营业收入、目标市场、盈利能力（以ROE为代表）、资本结构、增长率等，可以借助Wind等金融数据库，方便地提取相关公司的可比数据信息。如果可比公司选择信息充足，建议选择4~5家较好。

第二步，计算可比公司的净利润与EBITDA。

首先，需要对可比公司的净利润数据进行适当调整，可以借助Excel工具和金融数据库数据信息，调整内容涉及资产减值损失项（一般直接加回）、公允价值变动收益（可以直接剔除）、投资收益（此项在选初时会重点考虑，对于与企业主相关的投资收益一般不做调整，与企业主业非相关类的可以剔除）、营业外收入与支出（如果与生产经营直接相关的保留，其他的一般剔除）、所得税费用。调整之后，计算出可比公司最近12个月的净

① 通常所说的市盈率有两种：历史市盈率即当前市值/公司上一个财务年度的利润（或前12个月的利润）；预测市盈率即当前市值/公司当前财务年度的利润（或未来12个月的利润）。

利润。

第三步，计算适用于可比公司的P/E、P/B、P/S、PCF。

根据调整后的净利润，计算出可比公司的市盈率倍数，再根据市盈率倍数，算出可比公司的企业股权价值。最后根据企业股权价值及可比公司的EDITDA、收入、净资产，分别计算出可比公司的市净率（P/B）、市销率（P/S）、市现率（PCF）。

第四步，计算上述数据的均值。

分别计算出可比公司的市盈率（P/E）、市净率（P/B）、市销率（P/S）、市现率（PCF）和企业股权价值的均值。

第五步，计算目标公司的股权价值。

用可比公司的市盈率（P/E）、市净率（P/B）、市销率（P/S）、市现率（PCF）均值分别乘以目标公司的净利润，分别得到不同指标下的目标公司股权价值。通过对计算出来的目标公司的股权价值取中值得到目标公司的初步股权价值，交易双方对初步的股权价值进行进一步沟通和协商，并达成双方认可的股权价值①。如表7-5、表7-6所示。

表7-5　可比公司与目标公司基础数据表

单位：万元

类别	可比公司一	可比公司二	目标公司
资产	45000	57000	24000
长期负债	15000	0	8
股东权益账面价值	18000	26300	12000
收入	63000	127500	52500
息税折旧摊销前利润（EBITDA）	8250	19500	6700
净利润（调整后）	3000	11250	4500
市盈率（P/E倍数）	21	14.5	—

① Dr. 2.《估值就是讲故事：创业融资与投资》. 机械工业出版社，2015.

表 7－6　可比公司分析法进行目标公司估值表

单位：万元

类别	可比公司一	可比公司二	平均值	目标公司的初步价值
市盈率（P/E 倍数）	21	14.5	17.75	79875
企业股权价值	63000	163125	113062.5	—
企业股权价值/EBITDA	7.64	8.37	8.01	53667
企业股权价值/收入	1	1.28	1.14	59850
企业股权价值/股东权益账面价值	3.5	6.20	4.85	58200

根据以上分析，目标公司的初步价值位于 5.82 亿～7.99 亿元，取 5.90 亿元。由于目标公司的估值还受目标公司的资本结构、上游供应商、下游客户的依存度、人才结构、薪酬福利情况、创始人或高管团队对企业的影响、技术储备、新产品开发、市场营销、售后服务等方面因素的影响，根据协商情况，还需要对目标公司股权价值的中值数据进一步调整，以最终达成一致。

（二）可比交易分析法

可比交易分析法原理是：相似的标的应有相似的交易价格，并从类似的并购交易中获取有用的财务数据，据以计算被评估企业价值。该方法只关注可比企业在被并购时并购方所支付价格的平均溢价水平，不对市场价值进行分析。可比交易分析法在我国应用较少。

三、成本法（资产基础法）

成本法也称资产基础法，是通过合理评估被并购企业各项资产价值和负债的基础上确定被并购企业的价值。成本法的关键在于合适的资产价值标准的选择。成本法主要分三类：账面价值法、清算价值法和重置成本法。

（1）账面价值法

账面价值法是基于企业资产负债表中的账面净资产价值作为确认被并购企

业价值的一种估值方法。该方法遵从会计的历史成本原则，是一种后向的方法，忽略了被并购企业潜在的预期价值，从而容易造成被并购企业股权价值的严重低估。在我国国有企业改制重组时，经常会使用账面价值法。目前这种方法在新市场经济环境下，使用越来越少。

（2）清算价值法

清算价值法是指公司立即被清算时所能收回的价值。清算价值法考虑部分资产在现时的市场环境中出售时能得到的价值。清算价值的大小往往受到交易市场活跃程度等因素的影响。对于交易活跃的资产，其清算出售的价格会越高，反之其清算出售价格会低于其账面价值。清算价值法主要适用于陷入困境的企业价值估值。

（3）重置成本法

重置成本法是指在现时市场环境下，以现在的价格水平重新构建一个同样的规模和业绩的公司所需要的投入对被并购公司进行估值的方法。最适用的范围是没有收益，市场上又很难找到交易参照物的评估对象，例如学校、医院、教堂、公路、桥梁、涵洞等。适用于重置成本法的公司一般价值主要体现在可复制的资产上（如产线等）。

第三节　企业价值评估报告

企业价值评估报告是企业价值评估工作的最终产品，是评估质量最集中的体现，是决定并购双方与交易的主要依据之一。企业价值评估报告通常由资产评估机构或投资银行按照《资产评估执业准则——企业价值》相关要求，运用专业的评估方法和估值模式，并遵循一定的格式要求撰写完成。企业价值评估报告写作要素如表7－7所示。

表7－7　企业价值评估报告写作要素表

企业价值评估报告书写作要素（一般格式）
项目名称：报告编号：

续表

<table>
<tr><td colspan="2">声明
摘要
正文</td></tr>
<tr><td>一、委托方及其他报告使用者概况</td><td>1. 委托方
2. 其他报告使用者</td></tr>
<tr><td>二、被评估单位及其概况</td><td></td></tr>
<tr><td>三、评估目的</td><td></td></tr>
<tr><td>四、评估对象和评估范围</td><td></td></tr>
<tr><td>五、价值类型及其定义</td><td></td></tr>
<tr><td>六、评估基准日</td><td></td></tr>
<tr><td>七、评估依据</td><td>1. 经济行为依据
2. 法规依据
3. 评估准则及规范
4. 取价依据
5. 权属依据
6. 其他参考资料
7. 引用其他机构出具的评估结论</td></tr>
<tr><td>八、评估方法</td><td>1. 概述
2. 评估方法选取理由及说明
3. 收益法介绍
4. 市场法介绍
5. 资产基础法介绍</td></tr>
<tr><td>九、评估程序实施过程和情况</td><td></td></tr>
<tr><td>十、评估假设</td><td></td></tr>
<tr><td>十一、评估结论</td><td>1. 概述
2. 结论及分析
3. 其他</td></tr>
<tr><td>十二、特别事项说明</td><td></td></tr>
<tr><td>十三、评估报告使用限制说明</td><td>1. 评估报告使用范围
2. 评估结论有效期
3. 涉及国有资产项目的特殊约定
4. 评估报告解释权</td></tr>
</table>

续表

十四、评估报告日	
附：价值评估报告书备查文件	1. 经济行为文件 2. 评估基准日被评估单位经审定的财务报表及审计报告 3. 评估委托方及被评估单位营业执照 4. 评估对象涉及的主要权属证明资料 5. 评估委托方及被评估单位承诺函 6. 资产评估人员和评估机构的承诺函 7. 资产评估机构资格证书 8. 资产评估机构营业执照 9. 签字资产评估师资格证书

第八章

交易结构设计是并购项目成功的关键

第一节　交易结构是什么

一、交易结构概念

并购中的交易结构（Deal Structure），是并购双方以合同条款的形式所确定的、协调与实现交易双方最终利益关系的整体解决方案。

并购交易结构设计通常包括并购方式（股权/资产）、收购比例、支付方式、融资方式、交易组织方式、交易步骤、附加条件等因素。条款清单中通常包含了交易结构的基本内容。交易结构的设计是后期谈判达成与投后整合与管理的基础，也是并购交易中最重要、最关键的阶段之一。

二、交易结构设计的目的

交易结构设计的目的，主要有以下几个方面：

- 提高交易的可行性。
- 规避法律障碍。
- 控制交易风险。
- 排除竞争对手。
- 建立融资平台。
- 降低并购成本。
- 合理避税。
- 为后续管理创造条件。
- 为股权转让提供便利（如退出）。

总之，交易结构设计的目标是在符合法律法规及政策的最基本的前提下，设计并选出最优的解决方案，最大化地满足交易各方的利益需求，使交易风险与交易成本最小化，从而确保并购交易最终顺利实施。

三、交易结构设计的原则

（1）遵循法律法规

并购交易必须完全符合相关的规则，在进行结构设计时也要考虑企业治理、证券发行、财政税收等方面的法律法规规定。

（2）风险平衡原则

首先，确保并购交易双方的利益与并购风险之间的平衡；其次，确保风险控制、成本控制与交易结构复杂程度之间的平衡。有时，交易结构设计过于复杂，反而会增加交易的成本，容易导致并购交易的失败。

（3）结构设计的综合效益原则

并购的成功不仅仅是交易的完成，更在于通过合理的结构设计使得企业通过并购实现价值最大化，包括规模经济、财务税收、技术获取、品牌提升、人才获得、管理经验引进、营销网络扩大，等等。

第二节 交易结构设计核心要素

一、并购方式

并购方式是指实现并购目的的具体操作方式，主要分为股权并购和资产并购两类。

股权并购，是指并购方通过购买目标公司股东的股权或认购目标公司的增资，从而取得目标公司全部股权或部分股权（控股或参股）。根据实施的具体手段不同，上市公司股权的并购可以分为要约收购、协议收购、间接收购。

- 要约收购，是指收购人向被收购的上市公司发出收购的公告，待被收购上市公司确认后，方可实行收购的行为。
- 协议收购，是指收购方在证券交易场所之外与被收购公司的股东就股票价格、数量等方面进行单独商谈，购买被收购公司的股票，以期达到对被收购公司的控股或兼并的目的。

- 间接收购，是指被收购公司股东以外的收购方通过投资者关系、协议、其他安排导致其拥有权益的股份达到或者超过上市公司发行股份 5% 或者 30% 的行为。

资产并购，是指通过购买并运营被并购公司有价值的资产，从而获取被并购公司的相关业务、市场份额或利润创造能力。资产并购的对象主要是被并购公司的资产，因而不必承受被并购公司的各项合同或法律义务。

目前企业并购方式在股权并购与资产并购两种的基础上，又演变出几种新形式①：

（1）购买部分股份加期权

并购方在并购过程中出于对被并购公司潜在风险的考虑，如对某一新领域（行业或区域）不熟悉，或者对管理人员的能力、合作态度、新业务的市场前景、新技术研发能力、价值链上下游的资源整合能力，以及对行业总体供求状况、行业周期、竞争对手情况等不了解，如果贸然全盘接手新并购的目标公司，可能会带来巨大风险。因此，在并购方式设计上，采用购买部分股权加期权的结构。具体做法是：在与被并购方股东签订购买部分股份协议的同时，订立购买期权的合约（明确数量、价格、有效期、实施条件等）。

（2）利润分享结构（Earn out sharing）

利润分享是一种类似“分期付款”的购买结构。由于买卖双方所处地位不同，对企业的现状和未来做出的评价与判断会存在很大差别。并购方多持保守态度，被并购方股东则偏于乐观。由此导致并购双方对目标公司的价值认定有较大差异。为此，采用利润分成的并购方式可以在一定程度上解决双方的分歧问题。具体操作方法是，并购双方首先对基础价格达成共识，并于成交时支付这部分款项，对于使用不同假设条件而产生分歧的部分，采用与实际经营业绩挂钩、分期付款的方式。

（3）承担债务模式

我国企业兼并中出现的一种购买结构。具体操作方法是在目标公司资产与债务等价的情况下，并购方以承担目标企业债务为条件接受该企业资产，目标

---

① 张志刚．公司并购中的交易结构设计．资本市场，2017.

公司全部资产转入并购方，目标公司法人主体消失。此种并购方式设计的初衷是保障债权人利益，从现实看，这种方式对并购方而言可能存在巨大的利益差别。

（4）债权转股权模式

债权转股权式企业并购，指最大债权人在企业无力归还债务时，将债权转为投资，从而取得企业的控制权。此种方式的好处在于，既解开了债务链又充实了企业自有资本，增强了管理力量，可能使企业从此走出困境。此方式通常在国有资产的重组过程中使用较多。

二、并购比例

在企业并购过程中，通常采用全资并购、控股式并购、参股式并购等多种方式。实务中，具体采用全资并购、控股式并购，还是参股式并购等并没有严格的规定，并购中双方敲定的出让/收购比例，一定是基于双方利益，满足双方意愿并在某种程度上达成妥协。

（一）全资并购

全资并购，即并购目标公司100%股权，将被并购方纳入自己的全资子公司，是并购初期最常见的方式。

该方式的优点在于：

①并购方拥有被并购目标公司股权、资产、存货等全部权利，可以完全合并报表。

②有利于在最短时间内完成整合、融合，减少双方在经营理念、发展战略、竞争策略、经营行为等方面的碰撞与摩擦，提高了并购成功率。

③新公司的决策、经营等完全由并购方主导。

适用情况：需全面掌控目标公司、资金来源充足、无须原股东支持并购后的目标公司经营。

（二）控股式并购

控股式并购分为：100%控股式并购、绝对控股式并购、相对控股式并购三种形式。

（1）100%控股式并购

100%控股式并购，即全资并购。

（2）绝对控股式并购

绝对控股式并购，是指并购后，并购方拥有目标公司的股权比例达到51%及以上，甚至到67%及以上，低于100%。具体持股比例的选择，主要取决于双方的意愿选择、拟投入的资金、对新企业的规划、确定的发展路径等因素。

该方式的优点在于并购双方能较好地实现优势互补，有利于在较短时间内完成整合融合，实现被并购方的平稳过渡与持续发展。对被并购方来说，既保护了被并购方对股东或管理层对目标公司的感情与事业心，又能得到一定的回报。

适用情况：持股比例51%及以上，希望利用目标公司原股东的某种资源或能力；让目标公司原股东留下一部分股权，一旦发生问题，可以拿来做“担保”等。持股比例67%及以上，希望对目标公司的掌控能力更强，并购方拥有单方决定修改章程、增资等特别决议事项的权利。

（3）相对控股式并购

相对控股式并购是指持股比例低于51%，但仍然能够对被并购公司进行控制。如对一些股权结构相对复杂、持股比例分散的被收购对象，收购30%以上股权就能控股，甚至对有些公司，持有10%以下股权就能实现相对控股。

三、支付方式

并购支付方式，是指并购方通常以不同的并购方式得到目标公司对应的权利（控制权或资产拥有权等）而采用的支付手段。实务中常见的有：现金支付、股份支付，或者无偿划拨方式及一些创新支付方式，如认股权证、优先股、可转换公司债券支付或资产置换、混合支付等。

（1）现金支付

现金支付，是指并购方直接以现金形式并购目标公司的股权或资产。现金支付的好处是操作起来比较简单，无须进行支付手段（如证券）的价值评估，有利并购交易的快速促成，并且出让方也可以快速获得流动资金。不足之处在于出让方缴税方面及并购方面临较大的现金压力。

（2）股份支付

股份支付，是指并购方通过换股或增发新股的方式支付给目标公司股东，从而按一定比例取得目标企业的股权进而完成对目标公司并购的一种支付方式。

股权支付的好处是：

一是并购方不需要支付大量的现金，缓解短期内现金支出的压力。

二是采用股份支付方式，把目标公司的出让方转化为并购方的股东或者并购持有的其他公司的股东，可以在一定程度上降低因并购双方信息不对称，而导致的并购交易的风险，尤其并购是后期整合与运营风险。

三是股权支付对目标公司的股东的税收缴纳方面也存在好处。股权支付的不足之处在于容易导致并购方股权的稀释，且目标公司股东不能立刻获得现金。

【案例8-1】向目标公司股东增发新股换股并购

并购企业向目标公司股东增发新股，实现换股并购

北京LC科技股份有限公司（简称LC科技），创立于1999年1月8日，总股本23658.75万股，总部设在北京。公司注册资本为1577.25万元，2009年10月，在创业板上市。上海YW科技有限公司（简称YW科技），成立于1999年5月5日，注册资本1000万元。

按照YW科技估值2.95亿元，LC科技以每股定价12.25元作价，通过向特定对象（YW科技原股东）发行股份24，081，631股（新发行股份将在创业板上市）的方式，购买5位自然人股东合法持有的YW科技合计100%的股权，完成换股并购，合并方式为吸收合并。合并后，YW科技原股东将合计持有合并后的LC科技13.34%股份，YW科技成为LC科技的100%控股子公司。

（3）无偿划拨

无偿划拨支付方式，一般是指国有资产管理部门，根据国家资产管理的相关规定，直接将一家国有企业的股权直接划拨给另一个国有资产管理单位，无须支付现金、有价证券等任何对价。

（4）资产置换

资产置换即并购方通过一定的资产并购目标公司等值的优质资产，从而实现双方资源双向优化的一种方式。资产置换包括整体资产置换和部分资产置换等形式。

资产置换好处在于无须支付现金，减轻并购方的现金压力；通过资产转换可以优化企业的资产结构，提升企业整体竞争力。不足之处在于置换的资产需要进行价值评估，评估的结果会对交易的达成有较大影响。

（5）其他创新支付方式

其他创新支付方式主要是指通过认股权证、优先股、可转换公司债券支付、混合支付等方式进行交易支付。由于国内证券金融市场监管制度等方面还不太成熟，因此创新支付方式在国内使用得不多。

四、融资方式

根据融资渠道的不同，融资方式分为内部融资和外部融资。内部融资的资金来源于企业自身生产经营活动积累的资金，简单快捷且不用支付中介渠道的融资费用。外部融资则可以通过债务融资（银行贷款、发行票据、发行债券等）、权益融资（发行普通股票）、混合融资（可转换债券、认股权证）及其他特殊融资方式（设立并购基金、过桥贷款、杠杆收购、卖方融资、信托、资产证券化）。其中，常用融资方式有权益融资（发行普通股票）、债务融资（银行贷款、发行债券）及设立并购基金、杠杆收购等。

（一）权益融资

企业并购中最常用的权益融资方式为发行普通股。

发行普通股融资的好处：一是没有固定的到期日，不需要偿还股本；二是没有固定的支付股利的负担；三是通过在资本发行普通股可以提升企业的品牌影响力。不足之处：一是由于需要聘请专业的证券发行机构来具体操作，导致发行成本很高，如以发行总费用/募资总额计算，企业 IPO 的发行费率约 9%；二是发行普通股会稀释企业原有股东的股权比例，从而容易导致企业控股权被分散。

（二）债务融资

债务融资，是指企业按协议约定用途取得且需按期还本付息的一种融资方式，主要包括银行贷款、发行票据、发行债券等。

以发行债券融资为例，债券是一种有价证券，是债务人为了获取资金而向非特定的对象发行的长期债务凭证。企业债券的种类较多，主要包括抵押债券、信用债券、无息债券等。由于不同的融资债券的风险和利息要求是不一样的，并购企业可以根据自身及并购项目的实际情况进行选择。

（三）并购基金

并购基金通过引入第三方资金形成并购资金池，按照基金管理的相关制度和使用计划，开展目标公司的并购。并购基金的投资对象多为具有稳定的现金流、运作相对成熟的企业。目前国内较为流行的并购基金模式是由私募股权投资（PE）基金与上市公司共同设立的并购基金，即“PE + 上市公司”模式。该模式的好处在于，既能充分利用金融工具的放大作用，又能结合上市公司的平台资源，从而使双方优势得以充分发挥。

【案例8 - 2】东方网力1亿元参设智能产业并购基金①

东方网力（300367）2015 年 12 月 18 日晚间公告，公司与深圳市百岁兰投资管理有限公司（简称“百岁兰”）拟共同投资设立深圳市岁兰融通智能产业并购基金合伙企业（有限合伙）（暂定名）。并购基金主要向位于中国境内的主营业务为智能机器人、智能硬件及高铁的高新技术企业进行直接或间接的股权投资、准股权投资或从事与股权投资业务相关的活动。并购基金目标募集规模为 5 亿元。其中，东方网力认缴基金份额不超过 1 亿元，其余由百岁兰及其他合格投资者出资，并购基金管理人为百岁兰。

（四）杠杆收购

杠杆收购（Leveraged Buy - out，LBO）是一种特殊的企业并购和融资方式。其实质是通过信贷资本，动用财务杠杆以小博大的原理，通过较少的资金投入（10% ~15%）加融入数倍资金，对目标公司进行并购、重组，并以目标公司资产及未来收益作为借贷抵押，以目标公司预期的现金流来支付融入资金的利息和本金。

杠杆收购的特点在于：一是并购方为了开展并购，大规模融资借贷去支付（大部分的）交易对价，即并购方不需要投入全部资金即可完成并购；二是杠杆收购的负债是以目标公司资产为抵押，并以其预期经营收入来偿还，风险相

① 资料来源：东方网力拟 1 亿参设智能产业并购基金．证券时报网，2015 - 12 - 18.

当大，尤其是出现金融危机、经济衰退等不可预见事件，以及政策调整，等等。这将会导致定期利息支付困难、技术性违约、全面清盘。

经过多年的实践和发展，杠杆收购在国外成熟的资本市场上被证明是一种行之有效的并购融资工具，并得到较多的应用。随着我国资本市场的逐步健全和快速发展，杠杆收购也得到较广泛的使用。如负债率较高的国有企业，通过应用杠杆收购的工具来解决运营环节过程所需的大量资金问题，以降低收购的资金成本，实现资本结构的最优化。

（五）管理层收购（MBO）

管理层收购（Management Buy - outs，MBO），是指目标公司的管理层利用信贷融资或股权交易收购本公司股份的行为。通过收购，企业的经营者变成了企业的所有者，实现对公司所有权结构、公司控制权和资产结构的重组和新统一。

MBO 的特点为：一是 MBO 的核心是目标公司的管理人员，收购的目标是管理人员所经营的公司，他们非常了解和熟悉目标公司，且有很强的经营管理能力。通过 MBO 之后，可以达到所有者与经营者身份的统一。二是 MBO 主要通过信贷融资来完成，只有目标公司存在良好的经济效益和经营潜力的情况，管理层才会实施 MBO。三是 MBO 通常发生在现金流量比较稳定的比较成熟的行业。

【案例 8 -3】新浪 MBO 收购案例

新浪 MBO 收购案例分析①

新浪是一家服务于中国及全球华人社群的领先在线媒体及增值咨询服务提供商。

2009 年 9 月 28 日，新浪宣布以 CEO 曹国伟为首的管理层，将以约 1.8 亿美元的价格，购入新浪约 560 万元普通股，成为新浪第一大股东。此举成为中国互联网行业首例 MBO，即“管理者收购”。新浪 MBO 的方案设计如下：

① 本案例由作者根据公开信息整理而成，仅为说明管理层收购（MBO）的模式，并不构成对案例中相关企业的任何评价。受到资料来源的限制，内容或有不准确的地方，敬请读者与内容相关者谅解。

（1）设立壳公司

在MBO的实施中，管理层通常需要共同设立一个壳公司并以法人的名义展开收购活动。为此，曹国伟先在英属维尔金群岛注册成立新浪投资，作为杠杆。曹国伟通过资本运作，引入了三家私募资金作为控股公司的股东，以分散其中的风险。新浪投资控股公司的普通股股东主要包括新浪的管理团队，同时中信资本、红杉中国及方源资本三家私募基金作为优先股股东投资了新浪投资控股公司。以上各家私募基金将有权指派一位董事加入新浪投资控股的董事会，而新浪管理层有权指派四位董事，从而占有董事会的多数席位并对新浪投资控股公司拥有控制权。然后，新浪向新浪投资控股增发约560万股普通股，作价1.8亿美元。增发结束后，新浪投资占据新浪总股本约9.4%，成为新浪第一大股东。新浪投资加上新浪董事会和管理层（共计11人）持有2.19%的股权，合计超过10%，新浪投资的控股力量就显得非常稳固。此次MBO方案还有一个妙处，就是定向增发，“只需新浪董事会批准，无须其他手续”。

（2）收购定价

MBO定价目前已经成为收购过程中最敏感的问题，关键是定价折扣问题。由于购买股权者是对本企业做过重要贡献并且企业将长期依赖的管理层，无论是从情感上还是企业长期利益上，都需要给予一定的优惠。本次收购中，根据销售价格，新浪管理层将以每股32.14美元的价格买入560万股普通股，这一价格与上一交易日收盘价的每股35.25美元相比，相当于打了8.8%的折扣。此管理层增持的股权折扣是完全遵照了国际惯例的折扣价格。

（3）收购资金来源

MBO的前提是解决收购资金来源问题，这是成功实现收购的关键。由于管理层出资一般比较有限，为实现杠杆的效应，收购融资就成为一项具有高度技巧的工作，需要在一系列融资安排如册立赠送、借贷、信托融资、分期付款等手段中选取合适的手段和手段组合。本次收购中1.8亿美元巨额资金的来源为管理层、私募加贷款。以曹国伟为首的新浪六人管理团队出资5000万美元；三家私募基金出资7500万美元；美林证券提供5800万美元的贷款。

（4）关于新浪MBO之后的发展

收购毕竟只是一种手段，并不是最终的目的。收购的最终目的是要对企业的后续发展有利。因此，对实施MBO的上市公司来说，应高度重视企业实施

MBO之后的发展。

（六）资产证券化

资产证券化，是指以基础资产未来所产生的现金流为偿付支持，通过结构化设计进行信用增级，在此基础上发行资产支持证券（Asset - backed Securities，ABS）的过程。也就是将流动性较差的存量资产转化为流动性较强的资产支持证券，实现未来现金流与当前现金流的转换①。

广义的资产证券化，是指某一资产或资产组合采取证券资产这一价值形态的资产运营方式，它包括四类：实体资产证券化、信贷资产证券化、证券资产证券化、现金资产证券化。狭义的资产证券化是指信贷资产证券化。按照被证券化资产种类的不同，信贷资产证券化可分为住房抵押贷款支持的证券化（Mortgage - Backed Securitization，MBS）和资产支持的证券化（Asset - Backed Securitization，ABS）。

五、交易步骤

交易步骤，是指并购方对被并购方的交易是一次性完成，还是分期、分步实施并购。方式的选择取决于并购方资金实力、被并购方的价值，以及税收、安全性等方面的因素。

六、交易附加条件

由于信息不对称等因素，导致并购交易过程中存在较大的不确定性风险，为有效控制并购风险，在并购交易实务中，并购双方除了约定交易标的与交易价格外，还经常需要约定相关的交易附加条件，与交易价格一起作为股权交易协议的约定内容。在并购交易中常见的交易附加条件如下：

（1）约定交易价格的定价依据、调整的原则及支付方式

并购实务中，交易标的定价依据通常是通过资产评估方式、股票流通价格（公开发行公司）、账面净资产值，或者其他参考因素综合确定。可以通过交

① 资产证券化大有可为，应正视发展中的问题．新华网，2016 - 08 - 26.

易附加条件进一步约定交易定价的依据和价格产生方式，同时对价格调整一些基本原则和前置条件及交易款项的具体支付细节。如根据交易进度节点，分阶段进行支付等。

（2）约定股权或资产实际转移的标志

为避免交易执行及后期整合过程中因目标公司某些关键性的手续未转移完成，而影响并购的整体绩效问题，因此在实务中需要就一些具体的转移标志事宜进行附加约定。如并购方何时取得股东身份的问题、核心技术专利等知识产权何时变更等。

（3）并购双方权利义务方面附加约定条件

并购双方在实际交易过程中，除了一般的协议约定外，还需要关注交易的特点，对诸如目标公司员工安置问题、高管人员平稳交接问题、并购方承诺的具体落地问题、目标公司或有事项的处理问题等。

（4）其他一些特殊约定条款

如业绩承诺问题（对赌条款/协议）。所谓对赌协议（Valuation Adjustment Mechanism），即“交易估值调整机制”。对赌协议是受让方与出让方在达成并购协议时，对未来一段时间里实现的目标（通常为与业绩相关的具体指标）进行约定。如果出让方实现了约定的目标，受让方则对出让方进行奖励。反之，如果出让方没有实现约定的目标，出让方则要对受让方进行补偿。实务中，奖励或者补偿的方式通常为现金、股权或者现金加股权。我国《上市公司重大资产重组管理办法》第三十五条就明确规定了对采取基于未来收益预期的方法进行评估或者估值并作为定价参考依据的，交易对方应当与上市公司就相关资产实际盈利数不足利润预测数的情况签订明确可行的补偿协议。

业绩补偿计算公式一般为：

Y1 年度补偿款金额 = 并购方投资总额 ×（1 - 公司 Y1 年度实际净利润/公司 Y1 年度承诺净利润）

Y2 年度补偿款金额 =（并购方投资总额 - 并购方 Y1 年度已实际获得的补偿款金额）×〔1 - 公司 Y2 年度实际净利润/公司 Y1 年度实际净利润 ×（1 + 公司承诺 Y2 年度同比增长率）〕

Y3 年度补偿款金额 =（并购方投资总额 - 并购方 Y1 年度和 Y2 年度已实际获得的补偿款金额合计数）×〔1 - 公司 Y3 年实际净利润/公司 Y2 年实际

净利润 ×（1 + 公司承诺 Y3 年度同比增长率）〕

第三节　交易结构与并购协议的设计

并购协议是企业并购谈判和履行的主要法律文件，通常由并购方律师起草，然后递交被并购方律师修改，在经过数次谈判后，由双方律师共同将谈判结果纳入协议中，最后由交易双方审定并签署。根据并购方式的不同，企业并购协议的内容也不尽相同，在此重点介绍股权并购方式下协议条款相关内容，并结合并购实务，分别给出了股权转让并购协议、增资并购协议和资产并购协议实际操作案例。

一、协议条款清单

（一）股权转让协议条款清单

1. 前言部分

说明双方签订本协议是遵循国家相关法律法规，且双方经过友好协商并一致同意。

2. 术语定义

对本协议中出现的相关术语的具体含义进行明确，防止出现理解上的歧义。如“出让方”是指在本协议中依本协议的约定出卖其拥有的目标公司股权一方；“受让方”是指在本协议中依本协议的约定向出让方购买股权一方；“股权”是指股东依其对目标公司的出资和公司章程的规定享有的对目标公司的各项权利；“目标公司”是指某公司等。

3. 交易双方、目标公司和交易标的

此条款的目的在于确定交易主体和交易标的的承载者，即目标公司。

4. 出让方的承诺与保证

此条款的目的在于明确出让方为进行交易而应当承担的责任，从而在因出让方违反承诺与保证给受让方造成损失时，受让方获得赔偿奠定基础。

5. 受让方的承诺与保证

受让方的承诺与保证是对应出让方的承诺与保证的一个条款。

6. 出让方应尽的披露责任

出让方应尽的披露责任条款内容。

7. 股权转让基准日

股权转让基准日也称为股权转让计价基准日。其意义在于明确股权交易双方在目标公司利益和责任的基准线。

8. 股权转让价格

股权转让价格是股权转让协议的核心条款，有时出于安全考虑，在股权转让协议中会附加一些价格调整的相关条件。

9. 股权转让价款的支付

本条款主要是确定受让方的付款方式和付款期限，对于股权交易双方防避并购风险均具有重要的意义。

10. 目标公司管理权的交割

本条款主要是为受让方如期取得对目标公司的相关权利而设的，尤其在控股式并购中关于对目标公司的控制权的交割的具体约定。

11. 目标公司管理权交割前的有关事项

本条款主要是为尽早完成本协议项下的股权交易，约定双方提交需要分别或共同完成的相关事项。

12. 目标公司工商登记变更

本条款主要是明确股权交易程序中，目标公司工商登记变更的日期及需要双方协同完成的相关事项。在实务中目标公司工商登记变更有时会对并购后目标公司的整合与正常经营问题造成较大影响。

13. 员工和竞业限制

本条款一般包括股权转让基准日员工数量的核定、员工补偿、离退休员工的责任问题以及为保护目标公司的知识产权对员工竞业限制的约定等相关内容。

14. 不竞争

不竞争的约定通常是对股权出让方不从事、不参与从事与目标公司相同或有竞争关系的产品或业务的生产及销售活动，在时间和空间上的进行限制。

15. 终止交易

本条款主要是约定因某些外界因素导致本协议无法执行时，如何对不利的一方进行保护。如约定在目标公司交割之前发生不可抗力、目标公司重大资产损失使受让方无法实现本协议的目的，或者目标公司所在地法律发生变更修改使本协议项下的股权转让成为不可能的，受让方有权单方书面通知出让方解除本协议终止交易等。

16. 保密

保密条款一般是对交易活动中涉及的相关知识产权（尤其是商业秘密进行保护），以及信息披露要求的约定。

17. 费用承担

本条款约定为签署本协议所进行的谈判、协商，以及聘请中介机构及相关事项发生的各项费用，由股权交易双方分别承担。

18. 违约责任

违约责任条款也是股权转让协议的重要条款，但是在实务中应当注意违约责任条款与因目标公司或负债出让方赔偿责任条款的区别。

19. 其他

如适用法律、争议的解决、不可抗力、签署和生效、附则等。

（二）资产并购协议条款清单

1. 前言部分

说明双方签订本协议是遵循国家相关法律法规，且双方经过友好协商并一致同意。

2. 术语定义

对本协议中出现的相关术语的具体含义进行明确化，防止出现理解上的歧义。如“出让方”指本协议项下按照本协议约定出让资产的一方；“受让方”指在本协议项下按照本协议约定购买资产的一方；“标的资产”或“资产”指本协议项下出让方同意且有权转让的、收购方同意且有权受让的资产；“固定资产”指为满足出让方主营业务需要而持有的、使用寿命超过一个会计年度的有形资产；“资产移交日”指双方按照本协议约定由出让方向收购方移交标的资产、资产自移交时起其所有权、使用权、管理权、收益权将转归收购方享有的具体日期。

3. 先决条件

明确协议签订前或签订后一段时间内，出让方须满足的相关先决条件。如出让方相关权力机构同意转让标的资产的相关决议；出让方就转让资产向受让方出具相应的书面声明及保证；出让方提供标的资产相关的审计报告等财务资料等。

4. 收购资产范围

明确出让方同意出让、受让方同意受让的标的资产项。如固定资产、存货、商业资源（供应商清单、客户资料、市场渠道等）及未列明于本协议及附件中，但依双方交易方式与目标的公允判断应当包含在收购范围内的资产等。

5. 收购价格

包括转让的固定资产价值、存货作价、相关商业资源作价等，明确价格的具体信息。

6. 价款支付

约定受让方具体的付款期限、比例等明细数据。

7. 陈述与保证

明确出让方和受让方不可撤销的承诺及保证。

8. 标的资产移交

约定标的资产的交接时间、方法、交接过程中问题的处理方法、标的资产所有权转移与风险承担、证明办理、期间费用的承担事宜，以及标的资产转移前的债权与债务处理问题等。

9. 出让方员工

如果标的资产的转让，涉及相关员工的安置问题，在此条款进行明确。

10. 限制竞争

约定出让方在标的资产转让后的一段期限内在某范围内不得与受让方企业形成竞争关系，包括技术、管理、业务、市场、渠道、客户等。

11. 违约责任

约定出让方和受让方各自的违约的相关责任、违约金额、支付比例、支付方式等。

12. 法律适用及争议解决

约定协议的签署、生效、解释、履行、争议解决适用的法律，以及在协议的签署和履行过程中双方发生分歧或争议时的解决方式。

13. 其他

如保密、不可抗力、签署及生效、附件等。

二、交易结构与并购协议应用

【范本8-1】股权转让协议模板——股权收购协议书

股权收购协议模板①

协议各方：

1. 出让方（甲方）：

2. 受让方（乙方）：

3. 拟收购目标公司（丙方）：

签约时间及签约地点：

本协议由上述协议各方（授权代表）于______年______月______日（即“本协议签订日”）在______签署。

根据《中华人民共和国合同法》《中华人民共和国公司法》及相关法律法规，甲乙丙三方在协商一致的情况下签订本协议：

第1条　陈述及保证

1.1　各方分别向他方陈述并保证，于本协议签订日，该方有订立本协议的完整的权力，有履行本协议项下义务的完整的权利（包括但不限于各方的身份证复印件、授权委托书、企业法人营业执照）；该方已经向他方披露其所知晓的任何政府机构颁发的可能对其全面履行其在本协议项下义务的能力造成影响的所有文件，并且该方此前提供给他方的文件中没有对任何重要事实的不实陈述或者遗漏。

1.2　甲方与丙方共同向乙方陈述并保证，于本协议签订日，甲方和丙方已经向乙方如实披露满足乙方收购目的的重要资料，丙方开展经营范围内活动所需的全部证照、文件或其他资料，甲方和丙方承诺在本协议签订前其经营活动中所发生的债务及其应付未付款由甲方和丙方负责。

1.3　乙方向甲方与丙方陈述并保证：

（1）乙方须按本协议约定向甲方按时、足额支付收购价款并办理其他相

① 本协议模板根据公开信息的收集，并结合项目案例经整理而成，仅为说明股权收购可能涉及的相关条款内容，读者可以根据实际需要进行补充和删减.

关手续。

（2）乙方对丙方所在当地政府的有关政策有充分的了解并愿意在收购之后享受其权利、承担其义务。

第 2 条　交易标的

丙方注册资本为______万元，乙方以人民币______元，（大写：________）的价格收购甲方持有的丙方的 100% 的出资额（股权）。

目前，甲方总共持有丙方 100% 的出资额（股权）。其中，甲方之自然人股东______持有的丙方出资额（股权）占丙方注册资本的______%；自然人股东______持有的丙方出资额（股权）占丙方注册资本的______%；自然人股东______持有的丙方出资额（股权）占丙方注册资本的______%，三股东均放弃优先购买权。

第 3 条　协议期限

3.1　本协议期限从双方签字盖章之日起至本协议相应的权利义务全部履行完毕之日止。

3.2　因不可归责于各方当事人的事由导致本协议约定的收购事宜无法实现时，各方可以协商一致解除本协议。各方因开展前期业务而发生的研究、调查、专业费用由各方自行承担，各方之间互不承担责任。

第 4 条　付款方式及时间

4.1　付款与收款

乙方向甲方支付与本协议第 2 条所列收购价格相对应的收购价款，均由乙方向甲方和/或甲方指定单位支付。

4.2　付款金额和付款时间

本协议约定的收购款项由乙方分三次向甲方支付；

4.2.1　本协议签订之日起十个工作日内，乙方向甲方支付人民币______元，（大写：________），作为乙方履行本协议的定金。

4.2.2　在甲方收到上述______元款项之日起七个工作日内，甲方、丙方负责办理完毕本协议有关的全部股权转让手续，乙方给予积极配合，乙方在股权手续转让办理完毕后十日内，乙方向甲方支付人民币______万元，剩余款项（人民币______万元），在______的______日内付清。

4.2.3　股权转让过程中涉及的各种应交税、款由______承担。

第 5 条　各方的权利和义务

5.1 甲方和丙方的权利义务

5.1.1 甲方在收到乙方的第______笔款项之日起，______日办理完毕股权和所有工商变更登记手续等。

5.1.2 甲方和丙方全力配合乙方完成符合本协议收购目的的相关手续、法律文件或者补充其他材料等。

5.2 乙方的权利义务

5.2.1 乙方须按本协议的约定向甲方全额支付收购价款。

5.2.2 甲方和丙方在办理股权转让和工商变更等相关手续过程中，乙方应积极配合。

第6条 费用的负担

在本协议工商注册登记变更手续办理过程中，涉及政府主管部门及政府部门指定的机构应收取的各种费用，均由________承担。

第7条 违约责任

本协议订立后，在协议履行过程中，本协议所列甲方中一个或多个股东违约，均构成甲方违约，甲方连带向协议各方承担违约责任。

7.1 若在本协议签订后______日内各方仍然未履行本协议约定的义务，则视为本协议项下的交易目的无法实现，守约方有权解除本协议，并有权要求对方承担相应的损失。

7.2 因乙方不按时支付本协议约定的条款，每延迟一天乙方应向甲方支付应付未付款的违约金，延迟履行达到______日时，甲方有权解除本协议并将本协议4.2.1约定的第一笔款项作为违约金不再退还乙方。

7.3 若各方已按照本协议的约定履行本身的义务而非因自身一方的原因（如国家政策发生变化）造成本协议不能履行的，则不视为该方违约。

第8条 保密

甲乙双方保证对在讨论、签订、执行本协议过程中所获悉的属于对方的且无法自公开渠道获得的文件及资料（包括商业秘密、公司计划、运营活动、财务信息、技术信息、经营信息及其他商业秘密）予以保密。未经该资料和文件的原提供方同意，除了本协议项下双方及其雇员、律师和专业顾问外，不得在未经对方书面同意前向任何第三方透露，但法律、法规另有规定或双方另有约定的除外。保密期为______个月。

第9条　争议的解决

各方若发生争议，应友好协商解决。协商未果时向______所在地人民法院诉讼解决。

第10条　其他规定

10.1　本协议规定一方向他方发出的通知或书面函件（包括但不限于本协议项下所有要约、书面文件或通知）均应通过书面递交、专递信函、传真等方式送交相应一方。

10.2　本协议壹式________份，各方各执________份，具有同等法律效力。

10.3　本协议自各方法定代表人或授权代表签字并加盖公章之日起生效。

（以下无正文）

甲方（签字）：

法定代表人/授权代表（签字）：

乙方（盖章）：

法定代表人/授权代表（签字）：

丙方（盖章）：

法定代表人/授权代表（签字）：

年　　月　　日

【范本8-2】资产转让协议模板——资产收购协议书

资产收购协议模板[①]

转让方（甲方）：

法定代表人：

---

① 本协议模板根据公开信息的收集，并结合项目案例经整理而成，仅为说明资产收购可能涉及的相关条款内容，读者可以根据实际需要进行补充和删减.

收购方（乙方）：

法定代表人：

根据《中华人民共和国公司法》《中华人民共和国合同法》以及相关法律法规之规定，本协议双方本着平等互利的原则，经友好协商，就乙方收购甲方相关资产等事宜，达成如下一致协议。

一、交易标的

甲方同意将其拥有的某工厂厂房使用权和相关设备等资产转让给乙方，具体包括：

1. 拟转让使用权的厂房位置：________。

2. 拟转让的机器设备、工具、图纸、固定资产、仓库材料及半成品等（不包括厂房、土地）作价人民币________元，（大写：________）。（具体见附件）

3. 设备、技术等资产转让过渡期定为两年（自本合同签订并生效之日起的贰年内）。

二、收购价款及付款方式

（一）资产收购价款

经双方一致协商同意，甲方转让资产的总价格合计人民币______元，（大写：________）。

（二）厂房租金

协议生效后，第一年、第二年的年租金总额为人民币______元，（大写：________），甲方收到租金后必须开具发票给乙方；第______年至第______年租金递增______%，年租金为人民币______元，（大写：________），计算租金的起始时间和交租日期以双方确认为准。

（三）付款方式

1. 协议签署之日起十个工作日内，乙方以转账方式向甲方支付人民币______元，（大写：________）；甲方收到首期转让款后开具收据给乙方。

2. 甲方向乙方完成资产移交，并经乙方确定无误后，乙方以转账方式向甲方支付人民币______元，（大写：________）；甲方收到第二期转让款后开具收据给乙方。

3. 乙方正式投产并实现正常生产两年后，在一个月内乙方以转账方式向甲方支付人民币______元，（大写：________）；甲方收到第三期转让款后开具收据给乙方。

三、双方的权利和义务

（一）甲方权利和义务

1. 甲方向乙方提交转让方公司章程规定的权力机构同意转让公司相关资产的决议文件。

2. 甲方向乙方提供目前公司的有关文件、财务报表、营业与资产状况的报表（具体见附件），并与乙方充分协商，办理必要的移交手续。

3. 就此项交易，甲方向乙方所作之一切陈述、说明、承诺及向乙方出示移交全部资料均为真实、合法、有效、无任何虚构、遗漏等不实之处，且向乙方保证该等资产之背景及实际现状已做了全面的真实的披露，甲方在本合同签订前所发生的一切债权债务不在本次合同签订的转让资产以内，由甲方自行承担处理。

4. 协议签订后，甲方需向乙方提供经营所需的证件和其他有关部门批准的文件。

5. 如乙方办理今后经营所需有关产权和经营许可、相关证照等手续，甲方应积极配合乙方。

（二）乙方的权利和义务

1. 乙方须依据本协议规定及时向甲方支付该等资产之转让全部价款。

2. 乙方将按本协议之规定，负责及时办理资产转让之报批等手续。

3. 乙方应及时出具为完成该等资产转让而应由其签署或出具的相关文件。

四、过渡期条款

1. 双方应尽快与本交易实施有关联的第三方沟通，取得其同意、授权、准予、认可，包括双方股东、土地权利方和其他管理部门、关联方。

2. 甲方承诺在洽谈期内和过渡期、资产移交期限内妥善保存管理资产、不得转出，使公司资产价值降低或减少，如有，乙方有权向甲方按转出或减少的标的的作价双倍赔偿。

3. 双方对于收购资产所提供的一切资料，均负有保密义务。

五、违约责任

1. 协议任何一方未按本协议之规定履行其义务，应按对方之实际损失向对方承担违约责任。

2. 甲、乙双方提供的文件、资料保证其真实、清楚、合法、有效、无任何虚构、伪造、隐瞒、遗漏等不实之处，如有错误和不实之处，双方愿意承担赔偿责任。

六、争议的解决方式

任何与本协议有关或因本协议引起之争议，协议各方均应首先通过协商友好解决，30 日内不能协商解决的，协议双方均有权向________人民法院提起诉讼。

七、其他规定

1. 本协议之修改，变更，补充均由双方协商一致后，由各方另行订立补充协议予以约定。

2. 本协议壹式________份，各执________份，均具同等法律效力。

3. 本协议自各方法定代表人或授权代表签字并加盖公章之日起生效。

甲方（盖章）：　　　　法定代表人/授权代表（签字）：

乙方（盖章）：　　　　法定代表人/授权代表（签字）：

签订时间：　　年　　月　　日

三、股权与资产并购实务操作案例

【案例 8－4】上市公司与产业基金及其管理团队联合收购的交易案例

上市公司与产业基金及其管理团队联合收购 LY 公司 51%股权的交易案例[①]

一、协议主体

转让方：HL 科技股份有限公司（HL 科技）

受让方：X 科技股份有限公司（X 科技公司）、深圳 Y 物联网产业基金企业（有限合伙）及其管理团队

① 本案例由作者根据公开信息整理而成，仅为说明以上市公司＋产业基金通过受让股权方式收购标的公司 51%股权交易模式，并不构成对案例中相关企业的任何评价。受到资料来源的限制，或有不准确的地方，敬请读者与内容相关者谅解.

交易标的：LY有限公司（标的公司）

二、股权转让

1. HL科技以883.5万元的价格向Y物联网并购基金转让其所持LY29.45%的股权；HL科技以600万元的价格向X科技公司转让其所持LY20%的股权；HL科技以46.5万元的价格向W××等转让其所持LY1.55%的股权。

2. 本次股权转让后，标的公司LY股权架构如表8－1所示。

表8－1 标的公司LY股权架构

序号	股东	认缴注册资本（万元）	实收资本（万元）	出资方式	持股比例（%）
1	HL科技股份有限公司	522	522	货币	29
2	深圳Y物联网产业基金企业（有限合伙）	530.1	530.1	货币	29.45
3	X科技股份有限公司	360	360	货币	20
4	W××等管理团队	27.9	27.9	货币	1.55
5	LY其他自然人股东	360	360	货币	20
总计		1800	1800	—	100

三、转让价款的支付

各方同意，在协议签署之日起3个工作日内，受让方将股权转让款的90%汇入转让方指定银行账户；其余10%款项，自本次股权转让工商变更登记完成之日起3日内支付。

四、收购后标的公司的治理结构

1. 交易完成后，标的公司LY设董事会，董事会成员5人，受让方委派3名董事，其中1人任董事长；转让方HL科技委派1名董事，标的公司LY原自然人股东委派1名董事。

2. 总经理由转让方HL科技或受让方委派的人员担任。

3. 财务负责人由受让方委派的人员担任。

4. 对于关系标的公司LY存续、组织形式、重大经营方针等事项，应由投资后的股东会的3/4以上表决权审议通过。

五、投后安排

1. 转让方 HL 科技确认，交易完成后，标的公司 LY 有权在其生产、经营过程中继续使用原有品牌及商标，品牌及商标使用期限至交易完成之日起 3 年。

2. 交易完成后，标的公司 LY 有权按现有租赁协议约定的条件继续使用转让方 HL 科技提供的生产、经营场所。

六、业绩承诺

Y 物联网并购基金、X 科技公司承诺：标的公司 LY 经具有证券从业资格的会计师事务所审计的扣除非经常性损益税后净利润（下称“承诺净利润”）应当满足以下利润指标：

1. 标的公司 LY 2017 年度承诺净利润应不低于人民币 300 万元。

2. 标的公司 LY 2018 年度承诺净利润应不低于人民币 450 万元。

3. 标的公司 LY 2019 年度承诺净利润应不低于人民币 600 万元。

如果标的公司 LY 2017 年、2018 年、2019 年任一年度经审计的实际净利润低于承诺净利润，则由 Y 物联网并购基金、X 科技公司对转让方 HL 科技做出现金补偿，补偿额度为：（承诺净利润 − 实际利润） × 转让方 HL 科技持股比例。

若标的公司 LY 2019 年实际净利润低于 600 万元，则由 Y 物联网并购基金、X 科技公司按 600 万元 × 15 倍的整体估值收购转让方 HL 科技所持股权。

后期，如果 Y 物联网并购基金将其所持标的公司 LY 股权转让给 X 科技公司，则转让方 HL 科技有权以同等的价格和条件将其所持标的公司 LY 的剩余股权同步转让给 X 科技，X 科技公司应一并受让该等股权。

案例点评：

本案例中 X 科技公司及参与投资设立的 Y 物联网产业基金企业（有限合伙）及其管理团队联合通过受让股权的方式收购标的公司 LY 51% 的股权。本交易转让方 HL 科技设置了业绩承诺和现金补偿及较高倍数（15 倍）的股权收购条件。同时，设置了剩余股权同步转让的条款，值得在受让股权的并购案例中应用。

本案例中并购的意义：受让方之一 X 科技公司和标的公司 LY 都是行业内的知名品牌，通过此次并购，强强联合，实现资源互补、渠道信息共享，达到双品牌战略，实现差异化品牌开拓市场的目的，不但有利于进一步提升受让方 X 科技公司的经营业绩，而且还有利于提升 X 科技公司在水、电、气、热四表集抄领域的核心竞争力，对X科技公司未来业务发展将产生积极影响。

【案例8－5】上市公司同时收购两家公司股权的交易案例

上市公司同时收购R1公司与R2公司股权的交易案例①

一、协议主体

甲方：A股份有限公司（A上市公司）

乙方：Y智能科技股份有限公司

丙方：R1系统有限公司（R1公司）

丁方：R2科技有限公司（R2公司）

戊方一：LQ

戊方二：LJ

戊方三：GJ

己方：A上市公司全资子公司

二、收购方案

1. 乙方、戊方为R1公司（即丙方）的股东，合计持有丙方100%股权。至本协议签署日，乙方、戊方的出资额及持股比例如表8－2所示。

表8－2　股权转让及增资前，R1公司（即丙方）股权结构

序号	协议主体	出资额（万元）	持股比例（%）
1	乙方	700.00	70.00
2	戊方一	105.00	10.50
3	戊方二	177.00	17.70
4	戊方三	18.00	1.80
合计		1，000.00	100.00

① 本案例由作者根据公开信息整理而成，仅为说明上市公司通过全资子公司同时收购两家标的公司的复杂股权交易模式，并不构成对案例中相关企业的任何评价。受到资料来源的限制，或有不准确的地方，敬请读者与内容相关者谅解。

股权转让及增资完成后，R1 公司（即丙方）股权结构如表 8－3 所示。

表 8－3 股权转让及增资完成后，R1 公司（即丙方）股权结构

序号	协议主体	出资额（万元）	持股比例（%）
1	己方	766.6666	60.53
2	乙方	200.00	15.79
3	戊方一	105.00	8.29
4	戊方二	177.00	13.97
5	戊方三	18.00	1.42
合计		1266.6666	100.00

2. 乙方、R1 公司（即丙方）为 R2 公司（即丁方）的股东，至股权转让前，R2 公司的股权结构如表 8－4 所示。

表 8－4 股权转让前，R2 公司（即丁方）的股权结构

序号	协议主体	股东名称	认缴出资额（万元）	持股比例（%）	实缴出资额（万元）
1	乙方	Y 智能科技股份有限公司	540.00	54.00	54.00
2	丙方	R1 系统有限公司	70.00	7.00	7.00
3	-	其他股东	390.00	39.00	39.00
合计			1，000.00	100.00	100.00

股权转让完成后，R2 公司的股权结构如表 8－5 所示。

表 8－5 股权转让完成后，R2 公司（即丁方）的股权结构

序号	协议主体	股东名称	认缴出资额（万元）	持股比例（%）	实缴出资额（万元）
1	己方	A 上市公司全资子公司	510.00	51.00	51.00
2	乙方	Y 智能科技股份有限公司	100.00	10.00	10.00

续表

序号	协议主体	股东名称	认缴出资额（万元）	持股比例（%）	实缴出资额（万元）
3	-	其他股东	390.00	39.00	39.00
合计			1，000.00	100.00	100.00

三、收购价格

1. R1 公司（即丙方）的股权转让交易中，己方以支付现金的方式收购乙方持有的 R1 公司（即丙方）50.00%的股权，计 500.00 万元出资额。己方在前述股权转让完成之日（以完成工商变更登记为准）起 30 日内向 R1 公司（即丙方）进行增资，增资金额为 2000.00 万元，增资价格按 7.5 元/股计算，即 266.6666 万元计入注册资本，1733.3334 万元计入资本公积，完成后，己方持有 R1 公司（即丙方）的股权比例为 60.53%。收购 R1 公司（即丙方）50%的股权的价格，以经过具有证券期货相关业务资格的评估机构出具的资产评估报告确认的估值为基础，并由协议各方协商确定。R1 公司（即丙方）100%股权的估值为 7500 万元，则 R1 公司（即丙方）50%股权的收购价格为 3750 万元。

2. R2 公司（即丁方）的股权转让交易中，己方以支付现金的方式收购乙方持有的 R2 公司（即丁方）44%的股权，计 440 万元出资额；己方以支付现金的方式收购 R1 公司（即丙方）持有的 R2 公司（即丁方）7%的股权，计 70 万元出资额。转让完成后，己方持有 R2 公司（即丁方）51%的股权，成为 R2 公司（即丁方）的第一大股东及控股股东。收购 R2 公司（即丁方）的价格以标的股权所对应的实缴出资额为基础，协议各方进行等价转让。

四、业绩承诺与补偿、超额业绩奖励

1. 业绩承诺

戊方承诺：R1 公司（即丙方）2017 年、2018 年、2019 年的实际净利润分别不低于 350 万元、560 万元、840 万元；R2 公司（即丁方）2017 年、2018 年、2019 年的实际净利润分别不低于 150 万元、240 万元、360 万元；R1 公司（即丙方）和 R2 公司（即丁方）2017 年、2018 年、2019 年的实际净利润合计数分别不低于 500 万元、800 万元、1200 万元。

2. 业绩补偿

承诺期内，每个会计年度终了后，若R1公司（即丙方）和R2公司（即丁方）当年度实现的实际净利润合计数低于R1公司（即丙方）和R2公司（即丁方）当年度承诺净利润合计数的90%（不含本数）的，戊方应向己方进行业绩补偿。己方有权选择要求戊方以现金方式进行补偿，或以戊方持有的R1公司（即丙方）出资额进行补偿，或以戊方持有的乙方股份进行补偿，或者采取前述补偿方式相结合的方式。

3. 超额业绩奖励

三年承诺期届满之后，若R1公司（即丙方）和R2公司（即丁方）三年承诺期累计实现的实际净利润合计数超过R1公司（即丙方）和R2公司（即丁方）三年承诺期累计承诺净利润合计数且R1公司（即丙方）三年承诺期累计实现的实际净利润超过R1公司（即丙方）三年承诺期累计承诺净利润，各方同意，R1公司（即丙方）将自身实现的超额部分的25%作为奖励发放给R1公司（即丙方）的管理团队。

五、交割

1. 协议各方约定，己方向乙方支付收购R1公司（即丙方）50%股权的收购价款分三个阶段支付：协议生效之日起10个工作日内支付收购价款的50%，即1875.00万元；在乙方将持有的R1公司（即丙方）50%股权过户至己方名下（以完成工商变更登记为准，下同）之日起10个工作日内支付收购价款的40%，即1500.00万元；在前述股权过户至己方名下之日起两年内支付收购价款的10%，即375.00万元。在前述股权过户至己方名下之日起30日内，己方以现金方式向R1公司（即丙方）增加投资2000.00万元，其中266.6666万元计入注册资本，1733.3334万元计入资本公积，增资完成后，己方持有R1公司（即丙方）的股权比例为60.53%。

2. 协议各方约定，己方应于本协议生效之日起10个工作日内分别向乙方、R1公司（即丙方）全额支付收购R2公司（即丁方）44%、7%股权的收购价款，乙方、R1公司（即丙方）应于收到全额收购价款之后分别将持有的R2公司（即丁方）44%、7%的股权过户至己方名下。在前述股权过户至己方名下之日起10日内，乙方、己方应完成其所持有的R2公司（即丁方）股权全部实缴出资义务。

六、收购完成后目标公司的运作管理

1. 收购完成后，R1 公司（即丙方）、R2 公司（即丁方）仍为有效存续的公司，具备独立自主经营能力，现任高管将继续担任 R1 公司（即丙方）、R2 公司（即丁方）的总经理，统筹企业运营管理。甲方可派遣一名财务总监，统一管理 R1 公司（即丙方）和 R2 公司（即丁方）的财务事宜。

2. 收购完成后 R1 公司（即丙方）将设立由 5 名董事组成的董事会，其中甲方通过己方提名 3 名董事，乙方提名 1 名董事，戊方提名 1 名董事。同时，根据 R1 公司（即丙方）实际情况，对 R1 公司（即丙方）章程进行修改，重大事项应由董事会按照过半数董事同意即可做出董事会决议的原则进行决策。收购完成后，R2 公司（即丁方）暂不设董事会，仅设一名执行董事。

3. 本次交易完成后，R1 公司（即丙方）及 R2 公司（即丁方）应建立符合甲方（或己方）要求的适当法律、财务及业务结构以支持公司的规范运营，包括保持核心团队的相对稳定、组织体系运行有效及行之有效的内控管理制度的建立等。

案例点评：

（1）并购模式

本案例是一个比较复杂的股权交易案例，涉及两家标的公司和多个交易方。案例中乙方、戊方为 R1 公司（即丙方）的股东，合计持有 R1 公司（即丙方）100% 股权，乙方、R1 公司（即丙方）为 R2 公司（即丁方）的股东，合计持有 R2 公司（即丁方）61% 股权。为了实现对 R1 公司（即丙方）、R2 公司（即丁方）的收购，首先由己方（甲方的全资子公司）收购乙方持有的 R1 公司（即丙方）50% 的股权，然后对 R1 公司（即丙方）进行增资，从而持有 R1 公司（即丙方）60.53% 的股权比例。同时收购乙方持有的 R2 公司（即丁方）44% 的股权和 R1 公司（即丙方）持有的 R2 公司（即丁方）7% 的股权，从而持有 R2 公司（即丁方）51% 的股权，成为 R2 公司（即丁方）的第一大股东及控股股东。本案例中，己方主要以支付现金的方式完成收购，同时为达到收购的目的，收购协议中引入了业绩承诺与补偿、超额业绩奖励机制，同时对过渡期安排和收购完成后的目标公司的运作管理进行了约定。

（2）并购价值

R1 公司（即丙方）是一家提供工业机器人综合解决方案的高新技术企业，提供以机器人为核心的自动化应用系统。在系统规划、机械和电气设计、软件开发方面具有丰富的经验。R2 公司（即丁方）是一家提供以机器人为核心的物流分拣和存储解决方案集成商，具有机器人应用系统设计、制造、装配和安装调试一站式项目交付能力。收购事项完成后，A 股份有限公司在机器人物料搬运、拆/码垛、物流分拣和存储解决方案应用领域上获得专业成熟的技术，同时完善了公司的智能仓储板块，推进公司智能制造战略的实施。与子公司机器人产业形成一定的协同效应，进一步提升了 A 股份有限公司在智能制造与机器人行业的技术水平及整体实力。

第九章

成功的并购整合一定是“1+1>2”

第一节　什么是并购整合

所谓并购整合，即在交易实施阶段，并购双方在并购战略目标的指引和驱动下，对企业原有的各类资源进行系统性剥离、匹配、重组和融合，从而逐步实现企业“一体化”，并不断提高企业核心整体竞争力的动态过程，最终实现“1+1>2”目的。

并购整合是一项复杂的系统性工程，实证研究证明，并购领域存在着60/60现象，即当今世界60%的企业并购后未能实现期望的商业价值；60%的并购失败直接或间接起因于并购后的整合过程。目标公司被收购后，很容易形成经营混乱的局面，优秀人才纷纷离去，客户流失，组织结构重叠臃肿，财务一片狼藉，企业文化各不相符，人心紊乱，向心力差，双方未来发展理念不统一，等等。因此，需要对被并购企业进行迅速有效的整合①。

第二节　并购整合管理框架图

企业并购整合过程是一系列步骤的集合，是一个有机的整体，不能错误地把并购活动的主要阶段分裂开来。企业并购整合过程管理，如图9-1所示。

第一阶段：并购整合准备阶段。本阶段通过全面评估，厘清被并购企业能为并购方带来的资源价值，整合可能面临的挑战，以及并购方能带给被并购方的管理、经营、战略等方面的价值输出。充分认识被并购企业关键的经理人员对并购整合成功的价值，并做好可能发生的关键人才流失的应对准

① 许明哲.《赢在顶层设计：企业整合并购不可不知的秘诀》.群言出版社，2015.

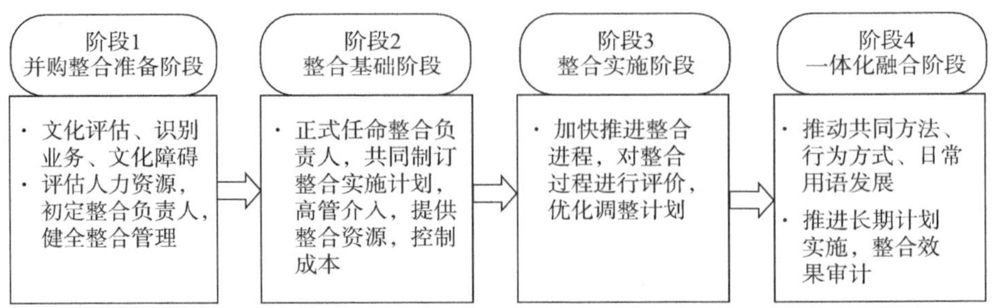

图 9－1 企业并购与企业整合过程管理图

备。评估并购双方在经营、财务、资源、文化协同及市场占有、企业发展、核心能力增强等方面的互补效应，以便并购整合后能快速促进双方的一体化进程。

第二阶段：并购整合基础阶段，即组建整合的项目组，任命整合项目负责人，制订并购整合过程管理项目计划表。通过引入专业化和结构化的项目管理方法，以对整合过程实施有效的管理。明确整合的工作进程，确立整合后目标公司的组织架构和管理团队组成及过渡计划，并促使被并购企业新的管理层的积极参与与配合，控制整合的成本。

整合项目负责人，也称“整合经理”，即并购整合项目中关键成员之一，可以是并购项目指导委员会的一员，也可以是并购管理小组的领导人。整合项目负责人的工作就是统筹并购整合各项工作，运用专业的知识和技能，按照预定的计划和目标，快速而稳定地推动并购整合各项工作，同时在并购双方之间和公司内外部之间建立起沟通的渠道和纽带，随着公司内外部环境变化，对并购整合工作进行动态调整。

并购整合中整合项目负责人本身有较高的要求：一是需要对并购企业的各方面都非常了解和熟悉；二是有很强的沟通、协调和组织管理能力；三是有敏锐的文化直觉、快速的反映和较高的情商，善于听取来自不同层面的声音；四是处事沉着、稳重且不失变通性。

第三阶段：整合实施阶段，是整个整合管理过程的核心阶段。在进行了并购准备并建立了整合项目计划基础的前提下，引入科学的整合方法，对被并购企业进行整合，以达到并购价值最大化的目标。在这一阶段需要动态地评估并购方案与计划的执行效果，同时需要并购双方加强沟通，加快整合计划的推进。

第四阶段：一体化阶段，也是收尾阶段。此阶段的重点在于评估整合的整体效果，并促使企业平稳地走过过渡期。在一体化阶段，并购方根据并购整合的总体方案，做好并购双方的经营、财务、管理、战略等价值资源融合，实现并购价值最大化目标①。

第三节　并购整合核心要素内容

整合是并购双方资源的重新配置，实现并购价值创造的关键，包括战略整合、流程与组织整合、人力资源整合、企业文化整合、信息系统整合等核心要素内容，如图 9 – 2 所示。

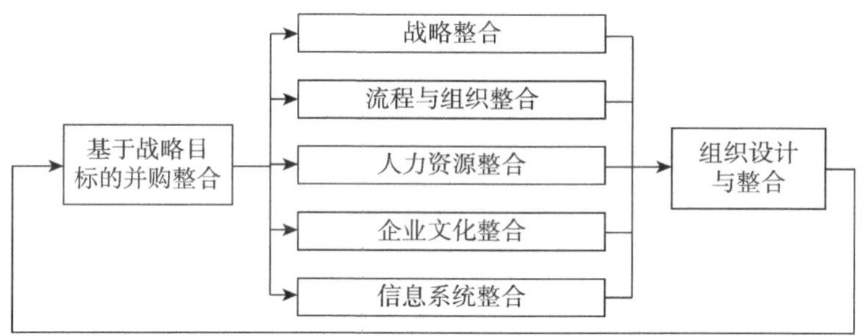

图 9 – 2　并购整合的核心要素内容

根据美国管理学家科维提出的“四象限”法理论，把上述五个并购整合核心要素进行分类，如图 9 – 3 所示。

其中，人力资源整合、流程与组织整合两大核心要素是并购整合中既重要又紧急的要素内容；战略整合、企业文化整合、信息系统整合要素是重要但并不紧急的要素内容。还有一些其他整合要素，通常属于紧急但不重要，或者不紧急也不重要的内容，在此不做详细赘述。

① 邱洪生，陈龙波．《并购决胜之战：整合创造价值》．中国计划出版社，2006.

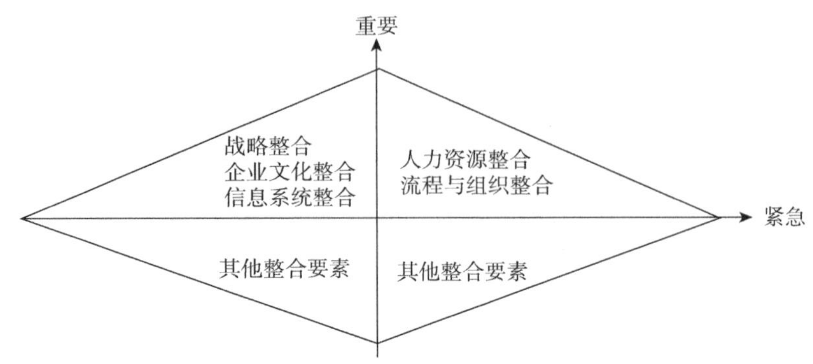

图 9-3 并购整合核心要素“四象限”法分类图

一、人力资源整合

人力资源的整合帮助企业在并购以后吸引并留住人才，以保持企业的持续发展。新的人力资源规划有利于尽快明确大家的发展方向和评价标准。

（一）人力资源整合操作过程中的典型问题

人力资源管理体系不健全，缺乏清晰的员工职业晋升体系。

考核、激励体系不统一，激励机制缺失，员工积极性受挫。

核心关键人才大量流失，公司业务发展受阻。

并购方对被并购方的优越感，造成后者的不配合情形。

并购双方管理层无法迅速形成相互协作的团队，工作上各自为政，上下级及同级之间缺乏必要的沟通与协作。

（二）人力资源整合的原则

（1）平衡过渡的原则

人力资源整合是并购整合中风险最大的整合之一。人力资源整合涉及并购后目标公司的后期运营和发展的问题，如果整合得好，不仅可以实现并购方的战略意图，更是一种双赢的策略。如果整合得不好，不仅难以实现并购方的意图，对并购方来说可能是一场灾难。有效方式就是明确并购目标和预期，做好全面的人力资源并购规划，并加强双方的沟通，通过稳步推进，实现人力资源整合的平衡过渡期。

（2）积极、灵活的原则

在人力资源整合过程中，遇到的最大问题是人的问题。要积极主动与目标公司管理人员、核心骨干及普通员工进行沟通，不应拘泥某种固定模式，要根据实际情况，随机灵活采用有效的措施和策略，充分调整并购后目标公司员工的工作激情和主动性，灵活地听取并处理员工的各种想法，尤其是背后的一些“小团体”声音。

（3）人才保护的原则

在并购实务中，较为常见的是并购后人才大量流失的问题。尤其是核心技术人员、经营管理人才、拥有客户资源的销售精英人才等。人力资源整合过程中，要做好优秀人才的筛选和保留，尤其是符合公司未来发展需要的人才。人才保护的方式有多种，可以是高薪酬、限制股票、期权等，企业根据实际情况，灵活选择使用。

（三）人力资源整合的内容

（1）人力资源整合规划

人力资源整合规划是公司发展战略的有机组成部分，企业重组后需要调整人力资源规划以适应新的战略需要。人力资源规划的基本内容包括内外部环境分析、人力资源需求预测、人力资源供给预测、人力资源供需平衡分析、人力资源具体规划等。其中，人力资源具体规划则是整体规划的关键，包括人员配置计划、人员补充计划培训开发计划及绩效与薪酬福利计划等。

（2）公司业绩考核设计

企业并购整合后，一般会面临较高的业绩对赌要求，通过设定合理的业绩目标并配合激励措施，从而激发管理层工作激情。同时，可以通过设计相应的管控模式，如战略型管控、财务型管控、经营型管控等，以及运用相应的业绩考核工具和指标体系等，实现对被并购企业的业绩考核。

（3）岗位绩效考核设计

企业并购整合后设定的业绩目标最终将分解到各个岗位，对各岗位进行绩效考核并配合激励措施可以凝聚员工的合力。岗位绩效考核也是员工培训、薪酬调整、职业开发、岗位调整等事项的重要参考依据。

（4）人员培训

企业并购整合后会导致组织结构和人员做出相应调整，新的业务方向与战略目标将对员工提出更高的要求，除外部引进专业人才外，还需要加强对企业内部员工的培训，从而使员工尽快适应整合后企业运营和发展的需要。

二、流程与组织整合

业务流程、组织架构及财务、营销体系的调整是并购整合价值创造的基础，流程与组织整合要素内容，如图 9－4 所示。

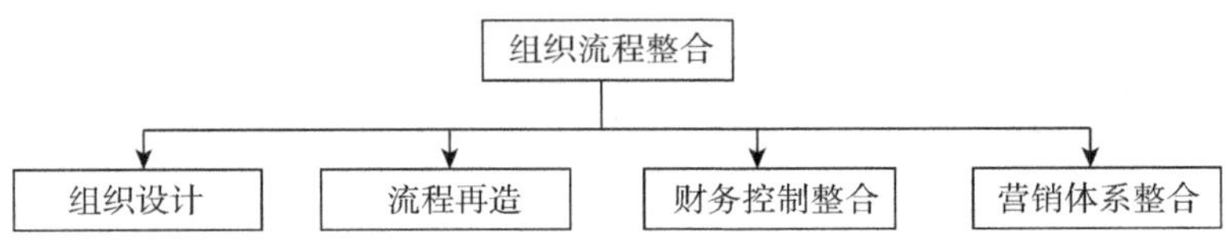

图 9－4　组织与流程整合模块图

（1）流程与组织整合操作过程中的典型问题

部门设置重叠，职责不清晰、多头指挥、相互推诿。

组织结构缺乏弹性，不能适应并购后企业发展的需要。

业务流程不明确，业务发展受阻。

营销体系重复设置，结构失调，营销资源严重损耗。

（2）组织设计

并购整合后，并购企业战略的实施、领导意图的贯彻、企业文化的植入都离不开组织，而业务流程的再造也需要组织结构做相应的调整。并购后的组织整合，需要通过对现有组织结构的分析，梳理组织整合中的问题，并设计相应的解决方案，利用并购整合期，根据实际情况，可以采取系统、全面调整，也可以采取核心、局部调整的方式展开。

（3）流程再造

企业并购后，其内外部资源都发生了一定的变化，企业必须对相应的活动、活动间的关系、活动的实现方式及活动的承担者进行调整，以实现企业流程的最优化。要素内容包括流程再造准备、确定再造范围和流程再造的实施。其中，流程再造准备包括识别现有流程、绘制现有流程图、分析现有流程；确定再造范围涉及系统性再造和局部再造。通常并不是所有并购都需要按约定俗成的顺序来重新建立流程体系，往往是根据不同的并购类型、并购模式及统一管理和业务发展的需要，按优先级开展流程再造①。流程再造范围与要素选择，如图 9 – 5 所示。

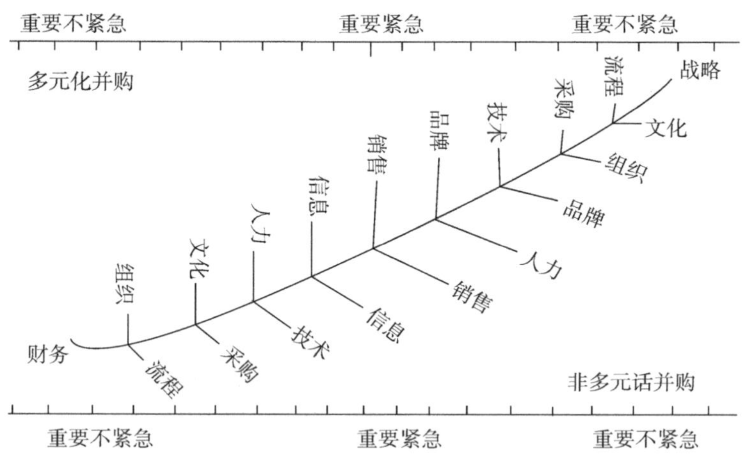

图 9 – 5　并购整合流程再造范围与要素选择图

对于多元化并购模型下，并购流程再造范围与要素选择，可以从销售、人力、信息系统等方面优先整合；对于非多元化并购，则可以从品牌、销售、渠道、技术、人力等方面优先进行整合。

（4）财务控制体系的整合

企业并购后，只有统一、健全的财务运作和管控体系，才能有效实现并购的战略意图。企业并购模式与类型不同，财务整合的方式也有所不同，但财务控制体系的整合必须以企业价值最大化为中心，以实现被并购企业价值创造为根本。

①财务控制体系整合的原则

财务控制体系整合的原则主要有：及时性原则、统一性原则、协调性原则、创新性原则和成本效益五个原则。

财务整合的及时性原则是指并购双方协议签订之后，并购方应根据协议的相关约定，立即安排财务负责人员开展对被并购方的财务系统进行整合，尽快使双方的财务制度、财务会计方法、财务政策等进行统一和规范。同时，对被并购方的资产结构进行优化、重组，提升被并购公司资产的价值和双方资产的

① 徐沁．企业并购与整合管理．盛高咨询，2008.

协调效应，保证并购战略目标的实现。

统一性原则是指调整被并购方资源、制度等内容，构建合理的结构，形成双方财务资源的价值最大化配置。主要内容包括并购双方财务目标的统一、财务制度体系及会计核算体系的一致性等。

协调性原则是指并购双方在并购之后的资产、负债上的相互协议和匹配，从而提高财务协调效应，降低双方不协调导致的财务风险。

创新性原则是指为了复杂多变的内外部环境，防止因双方财务整合后导致管控权力过于集中，被并购公司反应迟缓，而失去市场机会。因此，创新性原则要求双方既要在遵循财务整合的统一、协调、及时性原则的基础上，又要创新财务整合方式、方法，避免僵化呆板。

成本效益原则是指财务整合过程中既要考虑财务整合的成本，又要符合并购的战略目标和预期，仅仅注重财务的短期性对整体战略目标的达成是不利的。

②财务整合的模式

财务整合的主要模式有两种：一是植入模式，即将并购方的财务体系全面植入被并购企业，并要求被并购方强制性执行；二是融合模式，即并购方通过消化吸收被并购方的财务管控体系的先进性、科学性等，结合并购方的财务体系，融合而形成新的财务管控体系①。

③财务控制体系的整合的要素内容

财务控制体系的整合的要素内容主要包括：企业会计核算和财务报告的整合、财务管理的整合、全面预算管理的整合、业绩评价与考核体系数据的整合、资产管理的整合、资金使用和资本管理的整合、财务相关的内部控制的整合等。

（5）营销体系整合

营销资源是企业的生命线。并购双方的营销资源整合将夯实并购整合价值创造的基础。

营销组织结构的整合：营销组织结构的整合需要从公司整体的结构调整出发，结合并购后的市场情况，进行相应调整。

销售渠道资源的整合：销售渠道是促使产品或服务被认同的一整套相互依

---

① 潘爱玲，刘慧凤，张娜．论企业并购后的财务整合．山东大学学报，2004.

存的组织，包括中间商、企业自建渠道等。并购后销售渠道的整合就是按照既定方向，将并购双方的自建渠道及中间商相互进行重新配置，以形成新的、更大的市场渠道资源平台，为业务的拓展奠定基础。

三、战略整合

战略整合是企业在考虑并购后的具体情况，结合内外部环境和并购方的战略意图，对被并购方战略进行适当的调整，并纳入统一的战略体系，以实现并购的战略目标。战略整合要素内容，如图9－6所示。

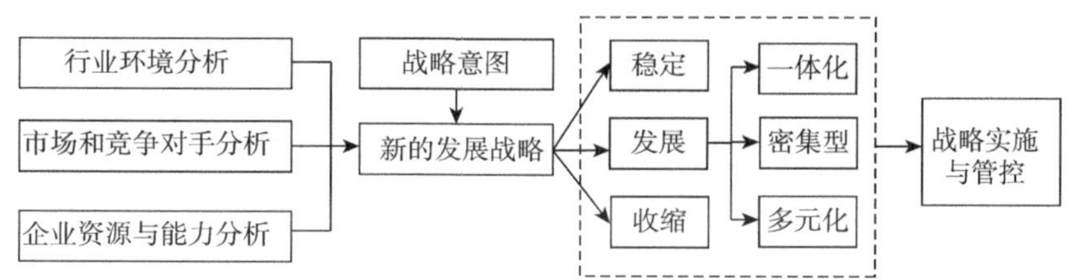

图9－6　战略整合过程模型图

战略整合不仅要获得新的核心能力，还要解决新能力与原核心能力兼容的问题。既要保持并进一步强化核心能力，又要通过并购在新的经营领域获取新的竞争优势，赋予核心能力以新要素和新活力。

（一）战略整合常犯的问题

对并购整合后的企业发展方向认识不清，缺乏新的利润增长点。

对所要进入的行业不熟悉，缺乏深刻的认识，行业定位不清。

对行业中竞争对手的优劣势缺乏足够的认识，市场定位趋向模糊。

对自身资源估计过于乐观，低估并购整合及后期运营对资源的要求。

（二）战略整合需着重考虑的问题

由于新资源的进入，会使原有条件变化，需要确定新的行业定位。

竞争对手和客户有所不同，需要确定新的市场定位。

对于显性资源便于配置，而隐性资源如何融入企业的整体运营，需要重新思考。

是否可以获得新资源，需要重新考虑。

（三）战略整合的路径

并购后目标企业的战略整合的路径包括战略环境的分析、战略意图的导入、战略的重新定位与匹配、战略的实施与优化几个步骤。

（1）战略环境的分析

由于并购所带来的企业内外部环境的变化和交互作用，为达到并购价值最大化的协同效应，目标企业的发展战略要进行相应的调整，以匹配和适应并购所带来的内外部环境的变化。战略环境变化的分析涉及外部的宏观环境、产业环境、竞争环境及内部的资源、能力、核心竞争力等方面。通过对外部环境的分析了解并购后外部环境发生了哪些变化、预计将给目标企业带来哪些机会或者威胁。通过内部环境的分析可以了解并购给目标企业带来了哪些新的资源和能力等。战略环境的分析可以采用 PESTEL、六力模型、市场增长率 – 相对市场份额矩阵（BCG 矩阵）、行业吸引力矩阵（GE 矩阵）等分析工具进行分析。

（2）战略意图导入

Gary Hamel 和 C. K. Prahalad 发表在《哈佛商业评论》上的一篇标题为《战略意图》文章中，把战略意图定义为：一个雄心勃勃的宏伟梦想，它是企业的动力之源，它能够为企业带来情感和智能上的双重能量，借此企业才能迈上未来的成功之旅。Hamcl 和 Prahalad 认为，企业若想实现成功，必须在企业内部大力宣传自己的战略意图，实现企业战略目的与战略手段的和谐。

并购战略整合中，为实现并购双方战略的价值最大化，在战略环境分析的基础上，需要把并购方的整体战略意图，尤其是主要核心决策层或领导人的想法导入目标公司的新战略制定过程中，从而更好地实现并购目标公司的价值创造。战略意图涉及企业发展远景、战略定位、战略方向、经营理念、战略文化、企业价值观、企业风格等方面。

（3）战略重新定位与匹配

在并购后战略环境的分析、战略意图导入的基础上，运用定性与定量结合的 SWOT 分析方法，对目标公司的战略进行精准定位和匹配，从而抓住新的战略机遇、充分发挥自身的优势、规避自身的不足，积极应对外部的各种挑战，助推并购双方的可持续发展。

（4）战略的实施

目标企业新战略的实施，需要平衡好自主经营和并购方的具体管控之间的关系。从并购方的管控模式来看，主要有经营型管控、财务型管控和战略型管控三种。不同的管控模式下，对目标企业的经营将产生不同的影响。对于与并购方主营业务密切相关的业务，为提升产业整体协同效应，获取更大的市场份额，并购方一般会对目标公司采取经营型管控。而对于多元化业务，有时并购方会采取战略型或财务型管控。目标公司需要加强同并购方的沟通，处理好自身的经营与控制权与并购方统一管控权之间的关系。

四、企业文化整合

企业文化是确定企业目标、提高员工对企业的认同感、激发全体员工的工作热情、填补硬性制度的缺陷、加强工作中的协调与协作精神的重要手段；并购后的企业文化重塑将延续并购双方的优良文化，实现企业文化的价值最大化[①]。哈贝（Habeck，2000）等认为，在兼并和收购中，不论是并购交易完成前还是完成后，“文化差异”都是最常被提到的失败原因[②]。企业文化整合要素内容，如图9－7所示。

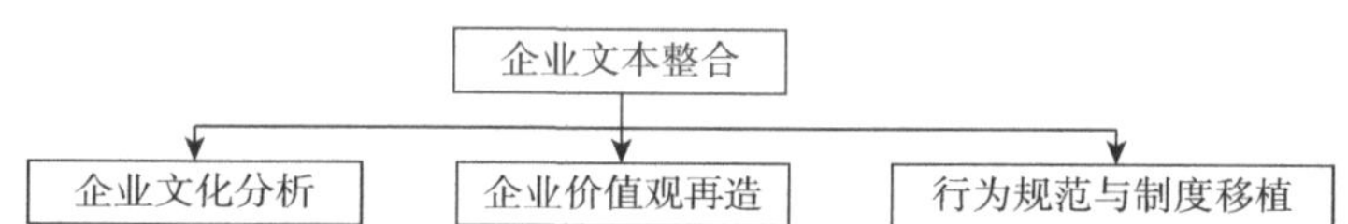

图9－7　企业文化整合要素内容

（一）并购整合过程中可能遇到的文化冲突

并购整合中企业文化冲突，是指两个不同类型与风格的企业在相互磨合过程中所产生的对抗行为。文化冲突有时会导致并购整合过程的失败，甚至导致并购整合活动的不成功。并购整合中的文化冲突表现如下：

（1）经营方式、经营策略上冲突

传统的企业在经营方式上是比较稳妥、保守的，而一些创新型企业往往处

① 刘玲．我国企业并购中的文化整合研究．华中师范大学，2014.

② 马克思·M. 哈贝等著《并购整合》，张一平译．机械工业出版社，2003.

于快速成长阶段，经营方式比较灵活、决策效率比较高。更多地追求市场为导向，以客户的需求为中心，且管理团队偏年轻化。这两种类型的并购在实务中比较常见，因此不同的经营方式、经营策略、经营风险的两家企业合并在一起，多数会产生冲突。

（2）管理制度上冲突

许多企业，尤其是国有企业，经过多年的发展，已形成了较为完善、规范的企业管理体系，包括企业运营管理体系、财务管理体系、人力资源管理体系、销售提成制度等。如利润分配制度，有些企业采取较为稳健的分配模式、有些企业采取较为激进分配模式、有些企业是平均分配、有些企业则是按贡献大小分配等。不同管理制度类型的企业合并在一起，管理制度上的冲突在所难免。

（二）企业文化整合路径与阶段

（1）企业文化对比分析

通过对企业文化的对比分析，发现并购双方在企业价值观及行为规范及制度上差异，寻求文化冲突根源，为文化整合奠定基础。

（2）企业价值观再造

由于并购双方存在不同的文化价值理念，在文化整合中，需要进行企业价值观再造，主要包括态度改造、行为改造、专项人事考核、专项培训等。

（3）行为规范与制度移植

行为规范与制度移植是实现企业文化整合的必备制度要素，价值观念的植入或融合要依赖制度与规范给予保障。

（4）并购文化整合阶段

与企业并购整合过程管理模式类似，并购文化整合也分为四个阶段，如图9－8所示。

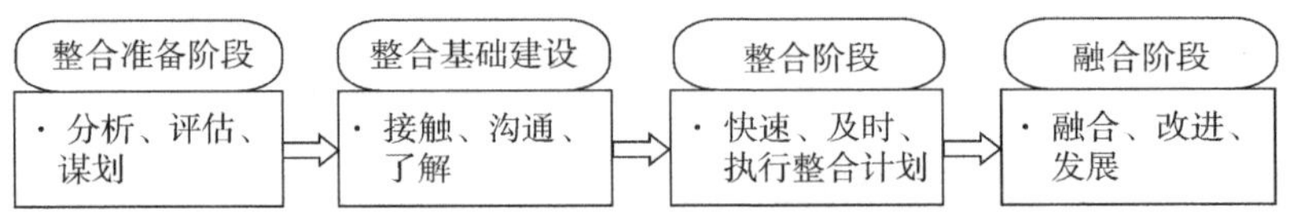

图9－8　并购文化整合阶段划分

五、管理信息系统整合

信息的融合程度与否直接影响企业的决策效率。企业并购后往往会面临管理信息系统的调整。对于并购双方来说，如何整合双方的信息资源，建立高效、科学的管理信息系统，将直接影响并购整合的进程及企业的正常运营。管理信息系统整合通常包括准备与规划、系统分析、系统上线与维护三个关键环节。

六、一个集成的并购整合操作流程

为清晰地描述并购整合的核心要素之间的关联性，一个集成的并购整合操作流程，如图 9 –9 所示。

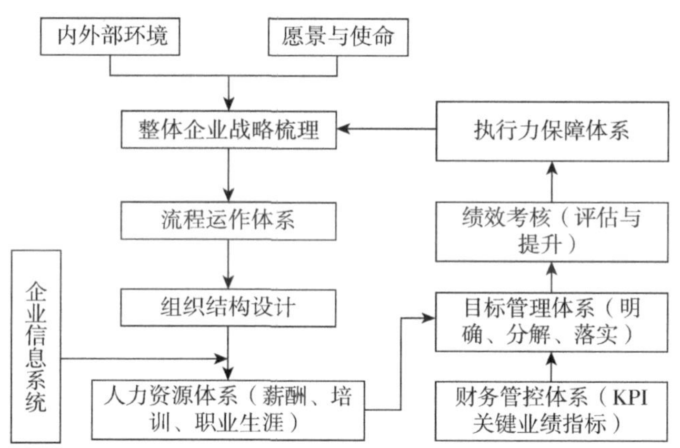

图 9 –9　一个集成的并购整合操作流程图

该整合操作流程从愿景与使命、内外部环境分析到新的发展战略梳理、流程运作体系设计、组织结构设计到人力资源体系整合，并同步开展信息系统整合，到财务指标体系设计，目标体系设计分解与绩效考核体系，最后通过过程执行与管控，确保目标的达成。

第十章

并购后管控与评价必须掌握的要点

第一节 并购整合后的管控内容

并购整合经过“前期准备”“整合基础建立”“并购整合实施”“一体化”四个阶段之后，被并购企业将纳入统一的管控体系。管控模式依据干预控制和协同程度划分为经营管控型、战略管控型、财务管控型三类①。三种不同的管控模式综合对比情况，如表 10－1 所示。

表 10－1 三种不同的管控模式综合对比

类别	财务管控型	战略管控型	经营管控型
管控内容	财务管理、投资管理	战略管理、财务管理人力资源、投资管理审计管理、法务管理	战略管理、财务管理、人力资源、业务管理、投资管理、审计管理、法务管理
管控应用模式	多种不相关产业的投资运作	相关型或单一产业领域内的发展	单一产业领域内的运作
集权程度	弱	中	强

有效的管控模式通常综合考虑发展阶段、业务规模、业务战略、业务布局、业务关联性、并购方的管控能力、股权结构比例及企业文化等因素，采取打分的形式进行选择，如表 10－2 所示。

表 10－2 管控模式选择的评分参考模型

因素分值	1	2	3	4	5	6	7	8	9	10	11	12	13	14	15
发展阶段	创业期（规模较小、地域集中、业务单一、组织简单）					成长期（规模迅速扩张、业务趋于复杂、组织逐渐庞大）					成熟期（规模较大、多点布局、业务复杂）				

① 王吉鹏.《集团管控（第 4 版）》. 经济管理出版社，2012.

续表

<table>
<tr><td>业务规模</td><td colspan="3">规模小（人员、资产少，组织简单，规模较小）</td><td colspan="2">规模大（人员、资产多，组织复杂，规模庞大）</td></tr>
<tr><td>业务战略</td><td colspan="3">一元化（业务单一，业务单元差异小）</td><td colspan="2">多元化（业务多样，业务单元差异大）</td></tr>
<tr><td>业务布局</td><td colspan="3">单点布局（业务集中在单个区域）</td><td colspan="2">多点布局（业务集中在两个以上区域）</td></tr>
<tr><td>业务关联性</td><td colspan="3">业务单元间关联度高（运作需要业务单元之间相互协作配合）</td><td colspan="2">业务单元关联度低（业务单元可独立完成生产、服务过程）</td></tr>
<tr><td>总部管控能力</td><td colspan="3">总部管控能力较低（不能有效指导和监督各业务单元）</td><td colspan="2">总部管控能力高（有效指导和监督各业务单元）</td></tr>
<tr><td>股权结构</td><td colspan="3">股权比例高（全资或控股）</td><td colspan="2">股权比例低（参股）</td></tr>
<tr><td>企业文化</td><td colspan="3">集权文化（总部具有权威、决策具有统一性）</td><td colspan="2">分权文化（业务单元积累性高、追求决策速度）</td></tr>
<tr><td rowspan="2">评分结果与管控类型匹配选择</td><td>经营管控型</td><td></td><td>战略管控型</td><td></td><td>财务管控型</td></tr>
<tr><td>8～40</td><td>41～47</td><td>48～80</td><td>81～87</td><td>88～120</td></tr>
</table>

具体管控过程通过战略管理、财务管理、人力资源管理、投资管理、法务管理、业务管理等子模块展开，同时设定不同的权限类型，如建议权、拟定权、知情权、审核权、审批权、执行权、监控权、审计权、考核权、奖惩权、申诉权等，如表 10－3 所示。

表 10－3　并购整合后具体管控内容及权限表

管控子模块	子模块内容描述	管控权限类型	管控权限具体解释
战略管理	战略的研究、年度经营计划、经营目标的制定、审批的权限范围	建议权	对管理方案（制度）或其他事项提出建议和意见的权利
		拟定权	提出或编制管理方案（制度）或其他事项方案的权利
财务管理	财务预算、资金管理、会计核算、税务管理等的权限	知情权	对管理方案（制度）或其他事项相关信息知情的权利
		审核权	对管理方案（制度）或其他事项的科学性、可行性进行审议、修订的权利

续表

管控子模块	子模块内容描述	管控权限类型	管控权限具体解释
投资管理	项目的投资规划、决策、执行等权限范围	审批权	批准管理方案（制度）或其他事项付诸实施的权利
		执行权	组织执行管理方案（制度）或其他事项的权利
审计管理	财务审计、管理审计的权限	监控权	对管理方案（制度）或其他事项执行过程进行监督和调控的权利
人力资源管理	招聘与选拔、岗位任命、绩效考核、薪酬体系、劳动关系等	审计权	对管理方案（制度）或其他事项执行结果的真实性和合规性进行审计的权利
		考核权	对管理方案（制度）或其他事项执行结果进行考核的权利
法务管理	合同管理、法律事务管理的权限	奖惩权	对考核和审计结果按照相关规定对相关责任者进行奖惩的权利
业务管理	研发管理、营销管理、供应链管理的权限	申诉权	对考核结果或者管理决议进行申诉的权利

第二节　并购整合的评价体系

国内外的研究人员，分别从组织学习导向、组织文化预览、核心能力、社会网络视角、技术吸收与创新、公司股权结构、风险投资支持、战略规划、协同整合和财务绩效的相关性、知识寻求、高管团队的社会资本等角度对并购整合的效率进行研究。

在实务中，可以从企业并购后整合的要素内容出发，围绕战略整合、管理整合、组织结构整合、人力资源整合、财务整合、企业文化整合、质量体系整合、供应链体系整合等角度，通过构建系统、全面的评价指标体系，并运用模糊综合评判的方法，来对企业并购整合的效率进行量化评价。相关并购后整合效率评价指标体系，如表 10－4 所示。

表 10－4　并购后整合效率评价指标体系①

总指标	一级指标	二级指标	一级指标	二级指标
企业并购后整合效率	战略整合	企业使命和目标的一致性	人力资源整合	领导团队建设的完善性
		企业总体战略一致性		员工的教育和培训重视度
		企业经营战略一致性		员工参与机制的有效性
		企业职能战略一致性		人事管理规章和福利制度完善性
	管理整合	公司治理结构的规范性		考核和激励机制的科学性
		生产经营管理制度的完整性	财务整合	财务管理目标导向的一致性
		分配机制的合理有效性		财务组织机构和职能的整合
		并购后公司权责明晰性		财务管理制度的整合
	组织结构整合	统一指挥性		会计核算体系的整合
		权责对等性		现金流转内部控制的整合
		职务设计合理性	企业文化整合	企业价值观的整合
		部门划分合理性		企业制度文化的整合
		组织协调性		企业物质文化的整合
				企业形象的明确性

① 孙瑞华，张兰．企业并购后的整合效率评价指标与模糊综合评判．统计与决策，2008（2）．

第十一章

合理的并购税收筹划可以降低交易成本

第一节 税收筹划的概述

一、税收筹划的含义

税收筹划（Tax Planning），是指纳税人在既定的税制框架内，通过对纳税主体（法人或自然人）的战略模式、经营活动、投资行为等理财涉税事项进行事先规划和安排，以达到节税、递延纳税或降低纳税风险为目标的一系列谋划活动①。

二、税收筹划遵循的原则

合法性原则：税收筹划活动，必须以遵守现行的税法及相关法律、法规为前提，通过合理地利用税收的相关政策进行筹划，达到最佳纳税的目的。

可操作性原则：在进行税收筹划时，要根据并购活动本身及并购双方的企业实际情况，并结合相关税收的政策调整情况，制定切实可行的筹划方案。

风险防范原则：税收筹划有时需要在国有相关法律、法规规定的边缘上进行，难免存在较大的操作风险，一味地进行税收筹划，可能会给并购活动带来风险，甚至可能导致并购失败。

① 蔡昌.《税收筹划》. 立信会计出版社，2009. 胡绍雨. 企业并购之税收筹划：一个案例研究框架. 贵州大学学报（社会科学版），2015（3）.

第二节　并购各环节的税收筹划实务操作

一、并购目标选择环节税收筹划

并购对象选择环节的税收筹划，涉及并购方所选取的并购类型、并购对象所在区域、并购对象的经营状况几个方面。

（一）并购类型的选择

选择横向并购时，一般不改变并购企业的纳税税种，并且由于并购后纳税主体的规模发生了变化，从而导致其适用税率和纳税金额的变化。选择纵向并购时，一般可以减少上下游流通环节，从而一定程度上减少流转税。而对于混合型并购，某种情况下可能会增加纳税税种、纳税金额等。

【案例11－1】横向吸收合并方式下税收筹划案例①

（1）案例背景

A设备有限公司2016年8月销售商品500万元，销项税额为85万元，8月进项税额为50万元，应交增值税额为35万元。

B设备加工厂资产额与负债额相等，即净资产额为零；原有库存存货100万元，相应进项税额为17万元。

2016年8月A设备有限公司采取承担全部债务的方式吸收合并B设备加工厂。

（2）筹划分析

由于A设备有限公司采取承担全部债务的方式吸收合并B设备加工厂，因此B设备加工厂企业方面无须缴纳企业所得税，B设备加工厂股东视为无偿放弃所持有的B加工厂股权，A设备有限公司则获得了B设备加工厂存货的进

① 林静敏．我国上市公司并购中的税收筹划研究．厦门大学，2008.

项税额 17 万元，应交增值税额减为 18 万元。

（二）并购对象所在区域的选择

由于我国对不同地区的企业实行了不同的税收政策，尤其是西部和欠发达地区会采取一定的税收优惠措施。如 2011 年财政部、海关总署、国家税务总局印发《关于深入实施西部大开发战略有关税收政策问题的通知》（财税〔2011〕58 号），提出自 2011 年 1 月 1 日至 2020 年 12 月 31 日，对设在西部地区的以《西部地区鼓励类产业目录》中规定的产业项目为主营业务，且其主营业务收入占企业收入总额 70% 以上的企业减按 15% 的税率征收企业所得税。如果选择有税收优惠政策的区域的目标对象进行并购，通常会降低并购交易的成本。

（三）并购对象经营状况的选择

对于选择拥有较强的技术研发能力，但短期内或是连续几年不曾盈利的企业作为并购对象时，可以亏损目标企业的见账面亏损，冲抵盈利企业（并购方）的应纳税所得额，充分利用盈损互抵减少纳税的优惠政策，使并购企业所得税税负减轻，提升并购的价值。

【案例 11－2】并购企业经营亏损抵免的税收筹划案例①

（1）案例背景

①ST 长运

公司原名长江天府旅游轮船股份有限公司，系经 1993 年 12 月 21 日四川省经济体制改革委员会川体改（1993）216 号文批准，在对国营涪陵轮船总公司整体改制的基础上，由国营四川涪陵轮船总公司、四川蜀海交通投资有限公司、四川省轮船公司三家企业共同发起，并向社会法人和内部职工定向募集股份设立的股份有限公司。1998 年 7 月 23 日，公司更名为“重庆长江水运股份有限公司”，公司总股本 6600 万股。

---

① 李彦铮．我国上市公司并购重组中的税收筹划方法研究．上海交通大学，2013．本案例由作者根据公开信息整理而成，仅为说明并购企业经营亏损抵免的税收筹划问题，并不构成对案例中相关企业的任何评价。受到资料来源的限制，内容或有不准确的地方，敬请读者与内容相关者谅解。

根据中国证监会发布的《上市公司行业分类指引》，本公司属于水上运输业，主营业务为长江干支流客、货运输及旅游服务。2006 年公司营业收入 5833.90 万元，较 2005 年有所增长，但实现的利润总额和归属于上市公司股东的净利润分别为 -12574.64 万元和 -12239.63 万元，与 2005 年相比，出现了巨额亏损。2007 年，公司实现营业收入 6705.80 万元，较 2006 年增长 14.95%；实现的利润总额和归属于上市公司股东的净利润分别为 -7552.22 万元、-7077.11 万元，亏损幅度比 2006 年有所降低，但仍未摆脱经营亏损的局面。

②西南证券有限责任公司

西南证券成立于 1999 年 12 月 28 日，是在重庆市原四家证券经营机构基础上经资产重组和增资扩股组建而成的证券公司，是西部地区成立最早的一家综合类券商，也是唯一一家注册地在重庆的全国综合性证券公司。2007 年，西南证券经纪业务进一步发展。全年共实现营业收入 6785.73 万元，同比增长 314.39%；完成净收入 111593.58 万元，同比增长 301.69%；实现利润 92331.76 万元，同比增加 79409.96 万元，增长幅度为 614.54%。

③交易方案

2008 年，ST 长运进行了重大资产出售，以及新增股份吸收合并西南证券有限责任公司的交易。具体的交易内容为：ST 长运新增股份 1658997062 股以换取西南证券股东持有的西南证券全部权益，即西南证券股东每持有西南证券 1 元的股东出资换取 0.71 股 ST 长运的新增股份。吸收合并完成后，ST 长运总股本将变为 1903854562 股，其中西南证券原股东持有股份占合并后总股本的 87.139%。交易结束后，上市公司承继了西南证券现有全部资产和业务，公司转变为一家综合性的证券公司。

（2）筹划分析

西南证券是以吸收合并的方式借壳上市的，上市后原公司注销，全部资产业务转入上市公司中。根据税法规定，上市公司的原亏损还可以继续弥补盈利。根据报告，ST 长运 2006 年和 2007 年的净利润为 -125808126.67 元和 -75522194.76 元，合计 -20133 万元。由于 ST 长运 2008 年继续亏损，预计五年内也是亏损，那么这笔亏损就无法利用起来。现在 ST 长运吸收合并了西南证券，西南证券的盈利预测表中显示 2008 年将实现利润 33133.30 万元，2009 年将实现利润 38554.14 万元。由于西南证券盈利，那么可以利用 ST 长运的亏损，并且在 2008 年当年就可以完全抵扣（33133.30 万元大于 20133 万元）。由于此笔亏损可以少缴纳的税额为 20133 万元 ×0.25 =5033.25 万元。

案例点评：

本案例中，经营业绩较好的西南证券公司通过换股方式并购经营亏损的 ST 长运公司，即达到借壳上市，又较好地实现了税务筹划的目的。

二、并购支付方式选择环节税收筹划

企业并购中的支付方式主要有现金支付、股票支付、混合证券支付三种。不同的支付方式涉及的税收是不同的。

（一）现金支付中税收问题

现金支付中税收问题涉及两方面问题：

一是现金购买资产。对于购买的资产转让过程中存在增值税等税种的缴纳问题，通常会增加并购交易的成本。但我国税法规定，并购企业取得目标企业的资产成本，可按评估值确认，不需要进行纳税调整。因此，并购方可以使购买资产的计税成本增加到资产评估后的价值中，这样并购方将享受到资产增值后增加的折旧抵税收益①。

二是现金支付购买股权。以现金支付方式，购买目标公司股东的股权，则目标公司的股东应就其在转让股权过程中所获得的收益缴纳所得税，从而增加收购成本。如果采用分期付款的支付方式，可以一定程度上减轻目标公司股东的税收负担。

（二）股权支付中税收问题

股票支付方式，是指并购方通过增发本公司的股票替换目标公司股票或购买目标公司的资产，从而达到收购的目的。股票支付方式下，目标公司的股东由于既未收到现金，也没有实现资本收益，因而无须支付所得税。我国税法规定目标企业的股东以其持有的旧股换新股不被视为出售旧股、购买新股，不缴纳个人所得税，当其出售股票时才需就股票转让的资本利得缴纳所得税，采用这样方式并购可延迟纳税。

① 胡绍雨．企业并购之税收筹划：一个案例研究框架．贵州大学学报（社会科学版），2015（3）．

【案例 11 -3】股权支付中的税收筹划问题[①]

（1）案例背景

根据山西省“十二五”发展规划，山西省政府提出以工业新型化、农业现代化、市域城镇化、城乡生态化为重点，加快推进山西省的转型发展和跨越发展。同时，山西省政府提出要实现转型发展、跨越发展，一个重要方面就是要发挥煤炭资源优势，提高煤炭就地转化比例，扩大装机规模，提升电网建设水平，建设强大的电力生产基地和电力输送网络，实现由电力大省向电力强省的跨越。山西省在“十二五”期间加快推进经济的转型发展和跨越发展，积极拓展晋电外送等一系列的宏观战略，为进一步加快山西省内电力、电网事业的发展提供了良好的机遇。

（2）案例分析

为了实现山西国电配电业务资产的整体上市，实现了优质国有资产向国有控股的上市公司集中，为山西国电未来整体上市奠定基础。2011 年，通宝能源（600780）向山西国电和国电资产发行股份购买其所持有的地电股份 100% 股份。交易对方为通宝能源的控股股东山西国电及其全资子公司国电资产。

首先，判断此项交易是否符合特殊性税务处理的要求：

- 该股权收购交易具有合理的商业目的，不以减少、免除或者推迟缴纳税款为主要目的。
- 并购重组后连续 12 个月内不改变重组资产原来的实质性经营活动。
- 并购重组中取得股权支付的原主要股东，即山西国电和国电资产在重组后连续 12 个月内，不打算转让所取得的股权。
- 此项股权收购中购买了地电股份 100% 的股权，达到了“不低于 75%”的要求。
- 此项股权收购中通宝能源支付方式是股权，股权支付比例为 100%，达到了“不低于 85%”的要求。

因此，此交易符合特殊性税务处理的要求。

---

① 李彦铮．我国上市公司并购重组中的税收筹划方法研究．上海交通大学，2013.
本案例由作者根据公开信息整理而成，仅为说明股权支付中的税收筹划问题，并不构成对案例中相关企业的任何评价。受到资料来源的限制，内容或有不准确的地方，敬请读者与内容相关者谅解。由于国家税收相关政策的出台，案例中的税收筹划方案以当时税收政策为准。

(3) 筹划结论

地电股份的股东山西国电和国电资产取得的通宝能源股权的计税基础，以地电股份的原有计税基础确定。地电股份净资产的原计税基础为129543.27万元，评估价值为154015.15万元，因此山西国电和国电资产取得通宝能源的股权的计税基础为129543.27万元。山西国电取得了27082.59万股，占比99%，国电资产取得了273.56万股，占比1%。因此，山西国电取得的股权的计税基础为128247.84万元，国电资产取得的计税基础为1295.43万元。

通宝能源取得地电股份100%股权的计税基础，以通宝能源发行的股权的原计税基础确定。通宝能源发行了27356.15万股，计税基础为154015.15万元。因此，地电股份100%股权的计税基础为154015.15万元。

山西国电和国电资产付出的资产计税价值是129543.27万元，得到的通宝能源股份的计税基础是129543.27万元，因此没有资产转让所得，不需要缴纳企业所得税。

通宝能源付出的资产（股权）计税基础是154015.15万元，得到的地电股份的计税基础是154015.15万元，也没有资产转让所得，不需要缴纳企业所得税。

（三）混合证券支付中的税收问题

混合证券支付，是指现金、股权、可转换债务、认股权证等不同方式的组合，在税收方面存在利息低税、免交个人所得税等情况，具体的筹划还要看组合支付方式。

三、并购资金融资方式选择环节税收筹划

根据并购资金来源的不同，融资方式选择环节主要涉及内部融资和外部融资税收问题。

(1) 内部融资

内部融资方式：一是企业留存收益；二是内部集资。从税收筹划看，留存收益由于资金的占有和使用融为一体，流动性的局限，税收难以分割或相互抵消，因而税收筹划可行性不大；而集资方式则存在融资成本较低、规模效益明显、方式灵活等优点，便于税收筹划。

（2）外部融资

外部融资方式分为债务融资、权益融资两类。债务融资则包括银行借款、发行公司债券。正常情况下，债务融资的利息可以作为财务费用在税前扣除，从而降低公司融资成本。权益融资是指发行新股或向原股东配股方式融资，对企业来讲，融资风险较低，但其缺点是融资成本不能作为费用在税前扣除。另外，还有一些特殊的外部融资方式，如杠杆收购，其实质也是一种债务融资，存在债务利息税前扣除的优点。

四、并购后组织形式设置环节税收筹划

组织形式设置，是指并购后目标公司的组织形式不同，而进行的税收筹划问题。如果并购后的目标公司成为并购方的分公司，则目标公司可以享受同并购方一致的税收政策；如果目标公司设置为并购公司的子公司，则享受符合其自身的税收政策。具体采取哪种组织形式，可以根据并购方及目标公司当前适用的税收优惠政策而定。

【案例11－4】并购中组织形式选择的税收筹划案例①

（1）案例背景

A公司的一家控股子公司A1有一家跨地区经营的全资子公司A11，预计2017年A1与A11公司可实现利润分别为50000万元、－5000万元，而且两家公司适用的企业所得税税率均为25%。则A1公司本部2017年应该缴纳的企业所得税为50000万元×25%＝12500万元；其子公司A11由于亏损了5000万元，所以在该年度不用缴纳企业所得税。因此，两个企业预计2017年所应缴纳的企业所得税合计为12500万元。

（2）筹划分析

A1公司可以通过选择转变子公司A11的纳税人身份实施税收筹划，实现降低整体税负的目的。具体做法：将A11公司变更为A1公司的分公司，让A1公司与A11公司合并缴纳企业所得税。

---

① 俞少芳．我国制造业企业税收筹划研究——以×公司为例．北京交通大学，2013.

（3）筹划结论

将 A11 公司变更为 A1 公司的分公司之后，以 A1 公司的整体利润为参考，进行计算，预计 2017 年所应缴纳的企业所得税合计为（50000 - 5000）×25% = 11250 万元。

显然，通过税收筹划的实施，可以使得应缴纳企业所得税金额减少 12500 - 11250 = 1250 万元。

【附 11 - 1】受让方缴纳的税费一览表

表 11 - 1　股权并购与资产并购方式下受让方缴纳的税费一览表①

并购方式	受让方缴纳的税费			
	税种	税基	税率	减免要求
股权并购	印花税	股权转让合同所记载的金额	0.05%	无减免
资产并购	印花税	资产转让合同所记载金额	0.03%	无减免
	契税	不动产的价格	3% ~5%（各地税率由当地省、自治区、直辖市决定）	《财务部　国家税务总局关于进一步支持企业事业单位改制重组有关契税政策的通知》（财税［2015］37 号）、《财政部　国家税务总局关于继续支持企业事业单位改制重组有关契税政策的通知》（财税［2018］17 号）规定，同一投资主体内部所属企业之间土地、房屋权属的划转，包括母公司与其全资子公司之间，同一公司所属全资子公司之间，同一自然人与其设立的个人独资企业、一人有限公司之间土地、房屋权属的划转，免征契税

① 张涤非．上市公司并购重组中的税收筹划方法探析．财务与会计，2016（22），结合国家最新出台的相关政策整理．

【附 11－2】出让方缴纳的税费一览表

表 11－2　股权并购与资产并购方式下出让方缴纳的税费一览表①

<table>
<tr><th rowspan="2">并购方式</th><th colspan="4">出让方缴纳的税费</th></tr>
<tr><th>税种</th><th>税基</th><th>税率</th><th>减免要求</th></tr>
<tr><td rowspan="3">股权转让</td><td>企业所得税</td><td>居民企业取得的股权转让所得</td><td>25%</td><td>符合《财政部　国家税务总局关于促进企业重组有关企业所得税处理问题的通知》（财税［2014］109号）、《国家税务总局关于资产（股权）划转企业所得税征管问题的公告》（国家税务总局公告2015年第40号）文件规定的特殊性税务处理规定要求的，卖方不确认股权转让所得，无须纳税</td></tr>
<tr><td>个人所得税</td><td>股东取得的股权转让所得</td><td>20%</td><td>根据《财政部　国家税务总局　证监会关于个人转让上市公司限售股所得征收个人所得税有关问题的通知》（财税［2009］167号），对个人在上交所、深交所转让从上市公司公开发行和转让市场取得的上市公司股票所得，免征个人所得税</td></tr>
<tr><td>印花税</td><td>股权转让合同所记载的金额</td><td>0.05%</td><td>无减免</td></tr>
<tr><td rowspan="2">资产转让</td><td>营业税改增值税</td><td>无形资产的转让收入</td><td>6%</td><td>专利技术、自然资源使用权等免征增值税</td></tr>
<tr><td>营业税改增值税</td><td>不动产及土地使用权转让</td><td>11%（2019年11月27日，财政部　国家税务总局《中华人民共和国增值税法（征求意见稿）》将销售不动产，转让土地使用权的适用税率调整为9%；销售无形资产的适用税率为6%，保持不变。）</td><td>根据《营业税改征增值税试点实施办法》（财税［2016］36号）附件二，在资产重组过程中，通过合并、分立、出售、置换等方式，将全部或者部分实物资产，以及与其相关联的债权、负债和劳动力一并转让给其他单位和个人，其中涉及的不动产、土地使用权转让行为，不征收增值税项目</td></tr>
</table>

① 张涤非．上市公司并购重组中的税收筹划方法探析．财务与会计，2016（22），结合财政部　国家税务总局《中华人民共和国增值税法（征求意见稿）》整理．

续表

并购方式	出让方缴纳的税费			
	税种	税基	税率	减免要求
资产转让	增值税	固定资产及其他物品的转让收入	2%（销售自己使用过2009年以前购进或自制固定资产）或17%（销售自己使用过2009年1月1日以后购进或自制固定资产）。(2019年11月27日，财政部 国家税务总局《中华人民共和国增值税法（征求意见稿）》适用税率调整为13%）	《国家税务总局关于纳税人资产重组有关增值税问题的公告》（国家税务总局公告［2011］第13号）规定，纳税人在资产重组过程中，通过合并、分立、出售、置换等方式，将全部或者部分实物资产，以及与其相关联的债权、负债和劳动力一并转让给其他单位和个人，不属于增值税的征税范围，其中涉及的货物转让，不征收增值税
	地方税费	纳税人实际缴纳的增值税和营业税	6%～12%，按纳税人所在地有所不同	无减免
	土地增值税	转让不动产所取得的增值额	30%～60%	无减免
	印花税	资产转让合同所记载的金额	0.03%（固定资产及其他物品）或0.05%（无形资产、不动产及土地使用权）	无减免

第十二章

跨国并购的程序及操作案例

第一节　跨国并购简介

一、跨国并购基本概念

跨国并购是跨国收购和跨国兼并的总称，它是指一国企业（并购企业）为了达到某种目标，通过一定的渠道和支付手段，将另一国企业（被并购企业）的所有或部分资产收买下来，从而对另一国企业的经营管理实施实际的或完全的控制行为。

企业跨国并购目的和动因的不同决定了跨国并购往往采取多种不同的类型和方式。根据收购方与被收购方所处的行业及其相关性，可以将跨国并购分为横向跨国并购、纵向跨国并购及混合跨国并购。

二、跨国并购的现状

随着我国经济实力和国家影响力的增强，中国企业海外收购兼并活动日益频繁，正从以往主要担当资产被收购的角色逐渐变成主要的资产并购方。2016年以来，我国海外并购交易规模快速扩大，2016 年达到顶峰 2104 亿美元，但是随着全球经济增速放缓、信贷环境收紧及中国当局遏制资本外流和打击房地产、酒店、体育和娱乐业杠杆收购活动的举措，再加上海外并购后导致一系列的“后遗症”，我国海外并购进程逐渐放缓①。

2018 年，中国内地企业海外并购金额为 941 亿美元，较上年下降了 23%。欧洲地区依然是中国买家最热衷的海外市场，2018 年吸引了价值 509 亿美元

① 华经情报网，2019.

的中国并购交易。亚洲和美国地区分列二三位，2018 年投向这两大市场的中国并购交易额分别达到 152 亿美元和 132 亿美元。私募股权投资活动在 2018 年创下 2220 亿美元的新纪录，略高于 2016 年创下的上一个高峰，高科技和金融科技行业表现尤其活跃①。

2019 年在“一带一路”倡议的推动下，亚洲跃升为最受中企欢迎的海外并购地区，占投资总额的近三成，中企主要投入 TMT（科技、媒体和通信）、金融服务及房地产、酒店与建造等行业②。

第二节 跨国并购的四大动因与三大障碍

一、跨国并购的动因

企业进行跨国并购的动因是多种多样的，由外部的国际、国内宏观经济因素及内部的企业自身发展的因素两个方面。

第一，国内经济转型升级，使得企业必须寻求跨并购的机会。

近年来，我国经历了高速发展之后，进入了大“L”形的阶段，从宏观层面看，中国经济急需转型升级，由劳动密集型向知识和技术驱动型转变；从微观来看，随着原材料和劳动力成本的不断上升，企业之间的竞争日益激烈，使得国内企业把目光转向海外广阔的市场空间。尤其是具有技术、品牌、国际渠道的海外公司将成国内企业跨国并购的重点。

第二，“一带一路”战略助推了中国企业的跨国并购。

随着我国“一带一路”战略的快速推进，为“一带一路”沿线国家带来发展机遇的同时，也为我国企业走出去铺就了通路。当前海外投资的重心正从欧美发达国家和地区向东欧、中亚、非洲等发展中国家和地区转移，高铁、电

---

① 普华永道，2018 年中国企业海外并购交易金额降逾两成，2019.

② 安永，2019 年全年中国海外投资概览，2020.

力、通信等成为投资和并购的重点。

第三，欧美发达国家经济萎缩也为我国企业跨国并购创造了机遇。

欧洲发达国家先进技术、优秀的人才、科学的管理方式等，对我国企业来说是非常有吸引力的。2008 年全球金融危机爆发以来，世界经济复苏缓慢，使得欧美等发达国家和地区的许多优秀企业资金趋于紧张、增速趋缓，有些甚至开始出现亏损、面临倒闭，这恰恰有利我国企业以较低的成本并购发达国家的先进技术、研发能力、国际品牌、国际市场渠道等。

第四，从我国企业自身来看，主要是对国际先进技术、高端人才、市场渠道、国际品牌等资源的获取，加快自身的转型升级。

二、跨国并购面临的障碍

（1）政治风险与安全因素及“中国威胁论”影响中国企业跨国并购①

随着世界范围内，尤其是中东等国家和地区政治冲突的不断加剧，海外国家的政治风险与安全因素成为跨国并购的主要风险障碍之一，如叙利亚危机、伊拉克、巴以冲突等问题与事件。不仅对国际社会和平进程造成影响，更是对跨增资本流动造成巨大风险。

（2）通行的国际化投资机制和规则的缺乏限制了中国企业的中国并购

目前国际上还没有真正形成通行的投资规则和标准，没有一个全球统一的协调机制或机构，不同的国家和地区往往执行不同的“游戏规则”，在一定程度上增加了我国企业进行跨国并购成本和风险。

（3）跨国并购中法律风险的上升也增加了我国企业跨国并购的难度

国际上不同的国家和地区基于安全、经济秩序、社会文化等因素，制定了各自较为完善的法律法规。对于我国企业进行跨国并购来说，熟悉不同国家的法律法规、经济金融制度、社会人文环境等，将是重要条件之一。熟悉跨国并购的法律、法规、经济、金融、人文等的专业人才不足，也是我国企业跨国并购的阻碍因素之一。

---

① 樊增强．新常态下中国企业跨国并购的战略选择．中国流通经济，2016（2）．

第三节 跨国并购主要流程及审批事项

一、境外并购主要流程

企业境外并购是一个复杂的系统工程，从前期准备到投资方案设计、并购目标搜寻、尽职调查、谈判签约、成效及后期整合，整个过程与国内并购流程基本一致，其不同点在于境外并购涉及更严格的境内外相关政府部门的审批程序。境外并购大致流程如下：

（一）并购前期准备

并购前期准备活动，主要并购规划准备和并购目标的物色两个环节。

（1）并购规划准备

企业根据国内外宏观环境、技术、市场发展趋势及自身的中长期发展战略、资源状况、企业能力状况等，通过战略 SWOT 分析，找准自身定位，明确并购的目的与意图，对并购的目标所在国家、所在区域、并购的原则、目标要求、并购的方式、并购资金的筹划等。并购规划阶段要重点关注并购团队的组建、第三方合作机构的选择等方面。如表 12－1 所示。

表 12－1 海外并购需了解的相关信息一览表

类型	相关因素	注意事项
法律环境	国家法律、法制是否完善	对那些法律不健全，法律环境不好的国家或市场，不适合开展并购；即使并购，持股比例也不宜过高
政府环境	政府对外资并购的态度	政府环境不好，不仅并购后的经营会遇到困难，而且并购本身也难以促成。因此，海外并购一定要关注政府对并购的态度
产业环境	国家的产业政策和产业发展度	许多国家都有自己的产业政策，海外并购时要充分考察当地产业环境、产业发展平衡度等内容，选择当地国家支持，产业发展前景好的并购目标

续表

类型	相关因素	注意事项
税收环境	税收及优惠	在进入海外市场时要认真研判当地市场的税收问题，掌握有关税收优惠及享受优惠的条件和程序
文化环境	当地的民族习惯、文化传统	文化环境不仅影响公司的市场，还会影响并购后期的管理，因此必须重视当地的文化环境
社会环境	战争、民族冲突、教派冲突	在进行海外并购时，当地安全是一个至关重要的问题，必须对当地或拟并购的国家的社会环境是否安定、安全做出评估
金融环境	银行业、保险业等金融业发展情况	如果并购目标所在地银行、保险等金融业不发达，势必给后期的运营带来难以克服的困难
交通环境	公路、铁路、港口、通信情况	在选择海外并购时，应当考虑当地或国家的交通环境，考虑交通设施能否满足公司并购后的运营的需求
经济环境	经济发展水平和速度、社会购买力、产品价格等	海外并购必须考虑并购目标所在国家或地区的经济发展水平、社会购买力和产品的价格等因素，同时还要考虑经济发展的速度问题
竞争环境	市场、品牌、主要厂商等	进入海外并购时，必须掌握目标市场的竞争状况，必须将自己的优劣与目标市场上的竞争者进行对比分析
资源环境	能源、原料、人力市场等	当地资源供应情况、价格水平及劳动力市场状况是海外并购时不能不考虑的问题
进出口环境	进出口限制、优惠政策等	了解并购目标国家进出口法律、政策和优惠待遇对并购后期的运营是非常重要的

（2）并购标的物色

根据前期并购规划所制定的境外并购的相关要求，通过产业链上下游渠道或第三方专业机构的推介方式，开展并购标的物色工作。在物色标的过程中，往往由于并购的要求不清晰，导致并购标的选择上错失机会或产业风险。建议开始时可以把目标范围放大一些，再逐步过滤到匹配度最高的并购标的。通过前期接触，双方初步达成并购意向之后，一般双方签订一份《投资意向书》（或称《投资备忘录》）。

（二）并购实施阶段

并购实施阶段是根据前期规划及筛选出来的标的信息，开展并购尽职调查、并购估值、并购交易结构与条款设计工作。本阶段往往被称之为投中阶段，是并购过程中比较关键的环节。通过并购实施，可以有效地降低并购的风险。

（1）并购尽职调查

境外并购标的尽职调查同国内并购尽职调查程序大致相同，目的是对拟并购的标的资产或股权进行全面的“摸底”，尽量找出并购中的相关风险及影响程度。尽职调查的内容主要涉及并购标的法律方面风险、财务方面风险、业务方面风险、环保政策方面等风险。考虑境外风险不确定性因素较多，政治、经济、文化、市场、劳工、安全等方面风险较大，建议可以委托1～2家国际知名的第三方顾问机构开展相关尽职调查工作。

（2）并购估值

考虑不同行业、不同并购意图对并购标的估值均会产业影响，同时国际上会计准则与我国的会计准则有一定的差异性。因此，在估值的过程中，在符合相关国际会计准则的同时，可采用相对估值与绝对估值相结合的方式，同时根据并购的目标和意图，双方通过反复沟通，以达成最佳的估值。

（3）并购交易结构与条款的设计

并购交易结构设计到后期治理结构、会计处理、支付方式、融资方式、税收筹划等，合理的并购交易结构可以在一定程度上降低后期整合与运营过程的系列风险，建议借助专业的第三方机构的资源与力量，力争在风险可控的前提下实现收益最大化。目前国内企业境外并购采用较多的是，先在境外搭建一个投融资平台（如在新加坡），然后在以境外的平台为主体开展境外投资并购活动。

（三）并购谈判、签约与交割

并购谈判是一个比较艰难的阶段，根据并购规划、并购尽职、交易结构设计相关成果，重点开展并购标的价格、支付方式、支付阶段、治理结构、人事安排、补偿机制、过渡期安排、后期整合等工作。谈判达成一致之后，双方签订正式的并购协议，并开展并购交割相关工作。

（四）并购接管与整合

根据双方签订的并购协议，并购方团队入驻开展战略、人力、市场、业务、生产、财务、信息化等方面的整合工作。考虑境外并购中不确定性风险较大，要重点注意人事变动、文化融合、语言沟通、政策把控、资源协调等方面融合不到位所造成的重大影响。建议在最大化控制风险的前提下，植入并购方的文化与管理，不能急于求成。

二、境外并购审批事项

企业境外并购审批事项主要涉及境内发改委、商务、外管等部门行政审批和境外投资并购国家或地区主管部门的审批问题。

（一）境内审批

根据并购类型、支付方式、并购金额等因素，境内审批涉及发改委、商务、外汇管理等不同层级部门审批问题。如图 12－1 所示。

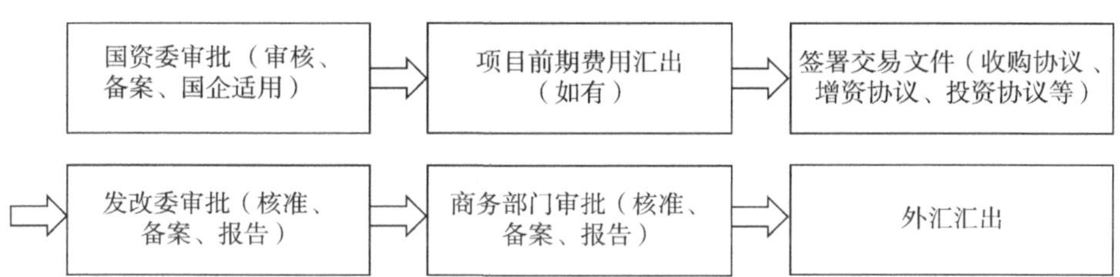

图 12－1　境内行政审批相关程序

（1）发改委

发改委部门对境外投资项目审批分为项目核准和备案两种模式。其中，项目核准管理的范围主要是投资主体直接或通过其控制的境外企业开展的敏感类项目。实行备案管理的范围是投资主体直接开展的非敏感类项目。实行备案管理的项目中，投资主体是中央管理企业，备案机关是国家发展改革委；投资主体是地方企业，且中方投资额 3 亿美元及以上的，备案机关是国家发展改革委；投资主体是地方企业，且中方投资额 3 亿美元以下的，备案机关是投资主体注册地的省级政府发展改革部门。提交发改委审批的相关资料包括①：

- 项目申请报告。
- 公司董事会决议或相关的出资决议。
- 证明中方及合作外方资产、经营和资信情况的文件。

① 《企业境外投资管理办法》，国家发改委令第 11 号，2017.

- 银行出具的融资意向书或自有资金的证明。
- 相应资质的会计师、资产评估机构等中介机构出具的资产评估报告。
- 投标、购并或合资合作项目，中外方签署的意向书或框架协议等文件。
- 其他需要提交的相关文件。

（2）商务部

商务部主要是发放《企业境外投资证书》，企业申请境外投资证书需要提交的相关材料包括：

- 申请书，主要包括投资主体情况、境外企业名称、股权结构、投资金额、经营范围、经营期限、投资资金来源、投资等具体内容。
- 盖章后的企业营业执照及组织机构代码证复印件。
- 境外企业章程及相关协议或合同。
- 国家有关部门的核准或备案文件。

（3）外管局

取得境外投资主管部门的审批后，企业可直接在银行办理外汇汇出手续。根据国家外汇管理局《关于进一步简化和改进直接投资外汇管理政策的通知》（汇发 2015 年 13 号）规定，取消了境外直接投资项下外汇登记核准行政审批事项，改由银行直接审核办理境外直接投资项下外汇登记，国家外汇管理局及其分支机构通过银行对直接投资外汇登记实施间接监管；取消境外再投资外汇备案，境内投资主体设立或控制的境外企业在境外再投资设立或控制新的境外企业无须办理外汇备案手续。办理外汇登记工作需要提交的相关材料包括①：

- 《境外直接投资外汇登记业务申请表》。
- 营业执照或注册登记证明及组织机构代码证（多个境内机构共同实施一项境外直接投资的，应提交各境内机构的营业执照或注册登记证明及组织机构代码证）。
- 非金融企业境外投资提供商务主管部门颁发的《企业境外投资证书》；金融机构境外投资提供相关金融主管部门对该项投资的批准文件或无异议函。
- 外国投资者以境外股权并购境内公司导致境内公司或其股东持有境外公司股权的，另需提供加注的外商投资企业批准证书和加注的外商投

① 《国家外汇管理局关于进一步简化和改进直接投资外汇管理政策的通知》汇发［2015］13 号.

资企业营业执照。

（二）境外审批

境外并购可能会受到当地政府的管制，涉及证券法下的管制、反垄断法下的规制、待定行业的额外审查、国家安全审查、出口控制等方面。

欧盟及成员国的反垄断规制要求：满足“欧共体规模”的合并控制需根据《欧盟合并控制条例》向欧盟进行反垄断申报；不满足欧盟申报条件的可能需要向并购所涉及的欧盟成员国国内的反垄断法规要求申报。

欧盟外资审查框架法案确立了欧盟成员国基于安全或公共秩序审查外交的框架，适用于外资并购。审查因素包括关键基础设施、关键技术（人工智能、机器人、半导体、网络安全、航空、防卫、能源存储、量子与核能技术，以及纳米和生物技术）、敏感信息获取等。

美国的特定行业的额外审查，即美国联邦通讯委员会审查控制权和许可证转让的申请。美国的 CFIUS 审查，即审查并购交易可能导致外国控制在美从事州际贸易的人的一切并购和买断活动等。

【案例 12－1】东南亚地区投资痛点、难点与对策①

一、东南亚地区概况

东南亚（Southeast Asia）位于亚洲东南部，包括中南半岛和马来群岛两部分。中南半岛因位于中国以南而得名，南部的细长部分叫马来半岛。马来群岛散布在太平洋和印度洋之间的广阔海域，是世界最大的群岛。东南亚地区共有 11 个国家：越南、老挝、柬埔寨、泰国、缅甸、马来西亚、新加坡、印度尼西亚、文莱、菲律宾、东帝汶，面积约 457 万平方千米。其中，老挝是东南亚唯一的内陆国，越南、老挝、缅甸与中华人民共和国陆上接壤。东南亚是世界上人口比较稠密的地区之一，东南亚拥有约 6.5 亿人口，人口年龄中位数为 20～30 岁，拥有巨大的人口红利。

二、东南亚地区近年来的投资情况

东南亚自从世界经济危机过后，开始从经济上脱离对欧美国家的依靠，经济

---

① 本案例资料来源于本人在 2019 年 11 月 24 日杭州举办的“第三届全球并购白沙泉峰会——新贸易形势下东南亚投资的策略论坛”上的演讲报告的部分内容.

内生动力十足。尽管近年来世界经济增长乏力，但该地区却显示出令人刮目相看的增长实力。根据各国官方预测，2019年越南GDP增长为7.02%，继续在东盟各国中处于领先水平，柬埔寨约为7%、缅甸为6.5%、菲律宾为5.9%、印度尼西亚为5.2%、马来西亚为4.3%、泰国为2.5%、新加坡为0.7%①。

东南亚国家为了吸引海外资金，通过税收政策、措施甚至国际条约营造友好投资环境。例如越南制定了外国投资法、外国投资法实施细则、进出口税法等，对进入一些政府特别鼓励投资的项目或者鼓励投资的地区的企业给予4免9减半（前4年免缴所得税，后9年减半征税的政策优惠）；印度尼西亚出台减税降费相关政策；马来西亚为外商投资提供直接和间接税收优惠；缅甸修改关于产品生产及销售的2.0%商业税率的优惠政策；柬埔寨、菲律宾等其他东南亚国家也从外商投资领域、持股比例、项目税收优惠、政府补贴等方面出台相应政策和法律法规。

据初步统计仅2008—2018年十年间，东南亚吸引了近2740亿美元的海外直接投资，甚至超过了日本、中国、韩国、印度四大亚洲经济体的总和。

花旗集团报告显示，2019年上半年，中国在东南亚的投资和建设总额已经回升至111亿美元（约763亿元人民币），几乎相当于2018年下半年承诺金额的两倍。从投资的重点领域看，虽然能源、交通等传统行业仍在投资项目中占较大比重，但中国在东南亚的投资正在扩大到其他领域，例如科技、娱乐等行业。路孚特（Refinitiv）的数据显示，2019年上半年，对东南亚科技企业的总风险投资额达到了34亿美元，同比增长逾300%。其中，中国风投公司投入了6.67亿美元，高于2018年同期的1.48亿美元。

三、东南亚地区投资机会点、痛难点

（1）东南亚地区投资机会点

- 吸引外商的政策环境宽松，营商环境显著改善。
- 经济增速较快，市场潜力巨大，尤其是以互联网、信息技术为代表的新兴产业发展处于即将爆发期。
- 基础设施比较落后，政府完善基础设施的力度大。
- 生产要素成本相对低廉，制造业发展优势明显。
- 人口结构年轻化，带来的人口红利明显。

① 注：本书写作时，作者对演讲材料中东南亚国家2018年GDP增长数据更新为2019年数据.

- 数字化进程加快，互联网经济快速发展。
- 比邻中国，学习中国模式。

(2) 东南亚地区投资痛难点

在东南亚快速吸引外商投资的背景下，地区过热的现象正在凸显，投资东南亚的风险正在急剧增多。投资东南亚的痛难点主要表现为：不确定所带来的投资风险及如何实现预期的投资回报问题。

- 政局、外交关系不稳定，优惠政策落实的延续性存在不确定性风险。
- 经济快速增长之后带来的持续增长的不确定风险。
- 地区动荡、武力冲突、疾病安全问题带来的投资不确定性风险。
- 政策透明性差、变动性大、灰色成本的存在带来的不确定性风险。
- 金融汇率波动带来的投资不确定性风险。
- 人口红利减弱、风俗文化差异等带来的不确定性风险。
- 投资退出带来的不确定性风险。

四、东南亚地区投资的对策

针对东南亚地区投资的不确定性所带来的一系列投资风险，为有效地降低风险，在确保投资安全的前提下，实现境外投资的收益最大化，相关的对策如下：

- 做足投前的可行性研究工作。涉及投资团队组建、政治、经济、税收、劳工、产业政策、行业监管、土地等宏观环境、市场环境、竞争环境、投资地的考察与调研、政府部门的对接等。
- 快速推进项目投中工作。积极协调各方资源，在确保合法用工的前提下，加快推进项目的实施和落地，降低政局、政策、监管、经济、安全等不确定性带来影响项目进程的风险。
- 合法经营、积极与政府部门沟通。项目投产之后，要积极同政府主管部门沟通，合法用工、规范经营，同时要遵守当地的文化风俗。要多关注所在国家和地区的政局、政策动向，在确保安全生产的同时，加快投资的“回收”。
- 考虑境外投资的不确定性风险，可以考虑选择1～2家资质齐全、资源丰富的国际化咨询机构（投资、法律、财务等第三方机构），借助第三方机构的力量来降低投资风险，实现投资回报。

【案例12-2】美的集团并购德国库卡集团案例①

一、并购概述

2017年1月6日，美的集团发布公告称，公司完成要约收购库卡集团股份的交割工作，并已全部支付完毕本次要约收购涉及的款项。公司通过境外全资子公司MECCA International（BVI）Limited合计持有库卡集团37，605，732股股份，约占库卡集团已发行股本的94.55%。

二、并购的动因

（一）外部环境动因

1. 从全球宏观经济看

2015年以来，世界经济发展趋势总体上表现为低经济增长、低国际贸易流量、低通货膨胀、低投资增长、低利率；高债务水平和高依赖货币政策。2016年，全球面临较多不确定性，英国脱欧公投、美国新总统提出的“美国优先”，区域化走向分裂，贸易保护主义抬头，全球化陷入迷途。

2. 从行业现状看

（1）我国工业机器人市场规模快速扩大

2015年以来，我国经济下行压力进一步加大，企业面临超出预期的困难和挑战。受国外经济的综合影响，同时随着我国劳动力成本的快速上涨，人口红利逐渐消失，工业企业对包括工业机器人在内的自动化、智能化装备需求快速上升。我国机器人产业健康、快速发展，2014年我国工业机器人新安装量达到5.7万台，约占全球销量的25%，同比增长55%。

2016年，我国机器人产业仍将面临较为复杂的发展形势，但随着国内“稳增长”政策效果的进一步显现，工业经济转型升级步伐加快，经济发展内生动力逐渐增强，多地亟须进行产业结构调整和改善生态环境，根据中国机器人网报道，我国工业机器人新安装量有望继续保持较快速度增长，同比增长率

① 本案例根据公众号“优先爱劣后”文章“292亿！——美的鲸吞德国库卡，2016最让人震撼的并购案例之一”与OFweek公众号文章“美的集团海外资产并购案例分析”，以及在美的集团年报等公开资料的基础上整理而成，仅为说明中国企业海外并购的动因、交易模式、并购的价值与启示，并不构成对案例中相关企业的任何评价。受到资料来源的限制，内容或有不准确的地方，敬请读者与内容相关者谅解。

预计为30%。

（2）应用领域继续不断延伸

2015年以来，随着《中国制造2025》《机器人产业发展规划（2016—2020年）》《智能制造装备创新发展工程实施方案》及《智能制造试点示范专项行动》等政策的出台和实施。工业机器人的应用领域从目前的汽车、电子、金属加工、橡胶塑料等行业，逐渐延伸到纺织、物流、国防军工、民爆、制药、半导体、食品、原材料等行业。

3. 从产业规模与增速看

根据IFR统计数据，2015年全球工业机器人销量约24.8万台，同比增长约12%，其中中国工业机器人销量约6.7万台，同比增长约16.8%，是全球工业机器人销量增长最快的市场。中国工业机器人产业联盟发布的最新数据显示，2015年国产工业机器人销量为22257台，同比增长31.3%；国产工业机器人的市场占比增加至33.3%，较2014年提升了约4个百分点。

根据国际机器人协会预测，2016—2017年全球机器人年均增长率达12%，中国年均增长率甚至达26%。预计2018年年底世界各地工厂内将配置的工业机器人数量将达约230万台。其中，中国预计配置61万台，占总配置的26.5%。2016年发布的《中国机器人产业发展规划（2016—2020）》，提出到2020年国产工业机器人产量达到10万台。

4. 从产业链角度看

利润率最高的产业环节集中在上游，进入该领域的技术、人才、资金、经验的壁垒很高。如何快速实现向上游延伸，最好的方式就是纵向的外延式收购，不仅增强上下游产业链的协同效应，还可以布局全产业链，增强竞争力。

5. 从市场供给看

日欧美三分天下。其中，欧洲在工业机器人和医疗机器人领域居于领先地位，代表企业有库卡集团、ABB、安川等。2015年，全球前四大公司在整个行业中的市场份额占比均接近40%，其中库卡销售收入29.7亿欧元，占比9%。

6. 从行业内竞争角度看

整个白电市场近两年陷入低迷，进入库存消耗战。美的、格力、海尔在家电领域已血战数年，行业平均利润率不断下降。同时，从互联网领域跨界而来的竞争对手对市场侵略不可小觑。

7. 从产业痛点看

当前中国工业机器人行业仍存在自主创新能力不足、核心零部件依赖进口、国内厂商起步晚、规模小、抗风险能力弱等痛点。

（二）企业自身动因

并购库卡集团有助于美的集团在机器人与自动化领域深入拓展，并强化战略布局。同时，为美的集团开拓海外业务，寻求新的业务增长点，以及提高上市公司盈利能力奠定基础。

三、交易双方介绍

（一）美的集团（000333. SZ）

美的集团始创于1968年，1980年正式进入家电行业，2013年9月18日在深圳证券交易所上市。美的集团是一家以家电制造业为主的大型综合性企业集团，旗下拥有小天鹅、威灵控股两家子上市公司。

美的集团在国内建有广东顺德、广州、中山；安徽合肥及芜湖；湖北武汉及荆州；江苏无锡、淮安、苏州及常州；重庆、山西临汾、江西贵溪、河北邯郸15个生产基地，覆盖华南、华东、华中、西南、华北五大区域；在越南、俄罗斯、埃及、巴西、阿根廷、印度6个国家建有生产基地。在全球设有60多个海外分支机构，产品远销200多个国家和地区。

2016年，美的集团全球员工人数约12万名，旗下拥有美的、小天鹅、威灵、华凌、安得、美芝等十余个品牌。2016年美的集团实现营收1590.4亿元，同比增14.88%；实现净利润146.8亿元，同比增15.56%。2016年美的国内营业收入为831.6亿元，同比增长5.07%；海外收入实现640.1亿元，同比增长29.53%。海外收入占公司营收的比例已经达43.5%，逼近50%。2016年7月20日，美的以1384.41亿元营业收入跻身《财富》全球500强第481位。

（二）库卡集团（目标企业）

库卡集团，1889年2月14日成立，1980年在德国法兰克福证交所上市。库卡集团最初主要专注于室内及城市照明，不久后涉足其他领域，至1966年公司成为欧洲市政车辆的市场领导者；1973年公司研发了第一台由电动机驱动的6轴工业机器人FAMULUS。库卡集团是全球领先的机器人及自动化生产设备和解决方案的供应商。2014年、2015年和2016年1月－3月，公司实现的归母净利润分别为6810万欧元（约合5亿元）、8680万欧元（约合6.3亿元）和2110万欧元（约合1.5亿元）。

库卡机器人板块处于市场领先地位，在汽车工业机器人行业位列全球市场前三、欧洲第一。在工业机器人制造方面，它已经有40多年的历史。早在

1973 年，库卡就研发了第一台由电动机驱动的 6 轴工业机器人 FAMULUS。目前库卡集团使用 KUKA 品牌为大众、福特、戴姆勒等知名厂商提供机器人产品，在工业机器人，特别是汽车工业方面享有极高的声誉。

四、收购的过程

2016 年 5 月 18 日，美的集团董事会通过议案，拟通过境外全资子公司 MECCA 以每股 115 欧元的价格全面要约收购库卡集团至少 30% 以上的股权。

2016 年 5 月中旬至 6 月初，首先是布鲁塞尔和柏林的高级官员齐声反对，欧盟数字经济委员京特·奥廷格表示，库卡集团公司对欧洲数字行业发展的未来具有至关重要的影响；德国副总理、经济部部长嘉布瑞尔也表示了对此项收购的担忧，库卡集团小股东也担心中方控制库卡集团将使管理层失去独立性。

2016 年 6 月 15 日，德国联邦金融监管局审核通过了就本次要约收购向其提交的要约收购文件（德文版本），次日，美的集团发出了本次要约收购的要约文件。

2016 年 6 月 21 日，库卡集团监事会放手让首席执行官蒂尔·劳伊特（Till-Reuter）就美的集团提出的 45 亿欧元收购进行谈判，监事会一致支持 Reuter。

2016 年 6 月 24 日，福伊特集团明确表示，计划把持有的库卡集团 25. 1% 股份全部出售给美的集团。

2016 年 6 月 28 日，美的集团发布公告称，已与库卡集团签订约束性投资协议，强调将致力保持库卡集团的独立性。

2016 年 7 月 3 日，福伊特公司以约 12 亿欧元向美的集团出售所持有的 25. 1% 库卡集团股份。随后，第三大股东弗莱德汉姆·洛和其他机构投资者接受了美的集团要约收购。

2016 年 7 月 20 日，美的集团公告，接受本次要约收购的股份已达 72. 18%，收购完成后，美的集团将持有库卡集团 85. 69% 的股份。

2017 年 1 月 6 日，美的集团公告，公司完成要约收购库卡集团股份的交割工作，并已全部支付完毕本次要约收购涉及的款项。公司通过境外全资子公司 MECCA International（BVI）Limited 合计持有库卡集团 37605732 股股份，约占库卡集团已发行股本的 94. 55%。

五、交易方案设计

（一）目标选择

在全球范围内，四大机器人企业分别为 ABB、发那科、安川电机及库卡集团——“四大家族”。其中，ABB、发那科市值规模较大，收购可行性较小。而日本安川电机，则在2015年8月与美的集团合资设立两家子公司分别面向工业机器人和服务机器人，包括广东安川美的工业机器人有限公司（美的股权占49%）、广东美的安川服务机器人有限公司（美的股权占60%）。综合来看，库卡的工业机器人水平在全球处于领先地位，且市值规模适中，为少数具有核心技术能力且规模较为合适的标的企业，符合美的集团战略投资的方向。

（二）交易结构

确定收购主体为MECCA，由美的集团香港全资子公司美的国际控股持有其100%的股权。

MECCA以现金方式全面要约收购库卡集团的股份，要约收购价格为每股115欧元。

本次交易为要约收购，要约收购的潜在对象为库卡集团除MECCA外的其他所有股东。

若库卡集团除MECCA外的其他股东全部接受要约，按照要约价格为每股115欧元计算，本次收购的总价约为人民币292亿元（按照2016年3月31日中国人民银行公布的外汇牌价中间价计算）。

（三）资金来源

本案中，美的的融资安排，是境外银团借款+自有资金结合，作为本次交易对价支付来源。具体的融资比例，要综合考虑自有资金余额、银团贷款可用额度、公司正常生产经营所需现金等因素。

（四）治理结构

根据《德国股份公司法案》，股份公司有三个公司治理机构，执行委员会（也称管理董事会）、监事会和股东会。

执行委员会——负责管理公司，并不受监事会、股东会或某一特定股东决定或指令约束（如不存在控制协议）。执行委员会的成员由监事会任命。

监事会——主要职责是任免执行委员会的成员，监督执行委员会，适时向执行委员会提建议。监事会成员由股东会选举产生。

值得注意的是，根据德国关于员工共同决策的法规，库卡集团半数监事会成员由股东会选举产生，另一半监事会成员由库卡集团的员工选举产生。

股东会——公司股东组成的大会，至少一年召开一次。

本案例库卡的公司治理结构安排中，美的并未谋求董事席位，仅寻求监事会代表席位。

六、并购价值与启示

（一）并购价值

（1）对美的集团

①深入拓展机器人产业。美的集团自2015年新成立了机器人业务部门，在机器人新产业拓展上全面布局。凭借库卡集团在工业机器人与系统解决方案领域领先的技术实力，联合开拓包括工业机器人在内的多领域机器人市场。

②助力“双智”战略。美的意图通过“智能制造＋工业机器人”模式，布局新的业务成长空间，以服务机器人带动传感器、人工智能、智慧家居业务的延伸，打造美的集团智慧家居集成系统化、生态链能力。

③促进集团物流业务发展。瑞仕格是库卡集团的三大主要业务之一，是全球知名的医疗、仓储和配送中心的自动化解决方案供应商。通过此次收购，将大力协助美的集团发展第三方物流业务，提升自动化物流仓储运输效率，完成公司在物流领域的布局。

（2）对库卡集团

①保持公司独立治理结构。本次收购，美的并没有意图取得库卡集团的控制权，只表示可能寻求监事席位。如此一来，既可以维护库卡集团管理层及核心技术人员的稳定，又可以保持集团业务的独立性。

②打开中国广阔的市场。随着英国脱欧，欧洲的共同市场进一步萎缩，越来越多的中高端制造业生存的市场空间被压缩，而德国提出的工业4.0革命，无不需要全球化的大市场，尤其是中国。

（二）并购的启示

（1）战略布局明确

对美的集团来说，传统家电业增长趋缓加上利润下降已是不争的事实，在继续拓展国内外市场、维持主业的同时，投资库卡集团寻求新的增长点，完全符合美的集团的战略布局。

美的集团希望借助库卡集团在工业机器人和自动化生产领域的经验和产品线，进一步提高生产效率，并推动美的集团制造升级。双方将联合开拓“广阔的中国机器人市场，并通过优势互补与协同效应，有效提升美的集团业务多样性、全球业务布局及获利能力。

（2）逐步增持，化解收购阻力

2015 年 8 月美的集团首次买入库卡集团 5.4% 的股权，2016 年 2 月增加至 10.2%，截至 2016 年 6 月已持有库卡集团 13.5% 的股权。

通过逐步增持的方式谋求库卡集团这样优秀企业的控股权，既减少欧美政府和大众对于中国企业突然冒进的陌生感和资金压力，也规避了中外企业合并中经常出现的诸多冲突和操作风险，具有很强的指导意义。

（3）借助外力，寻求支援

在公布要约收购后，面对来自德国和欧洲的压力，美的集团首先在库卡集团公司内部谋求董事会和监事会的一致支持，并运用三一重工、均胜、潍柴等成功并购德国企业的先例说服众多担忧和反对者。

（4）精心筹划，合理安排资金

美的集团在 2015 年全年产生的现金流净额高达 267.64 亿元，现金充裕。同时，美的集团也寻求了银行贷款，子公司 MECCA（收购主体）向中国工商银行（欧洲）有限公司巴黎分行和中国工商银行法兰克福分行签订了融资协议。

（5）快速出击，抢占时间先机

从美的集团发出要约收购，到美的集团宣布与库卡集团签订约束性投资协议，前后不足两周时间，很好地抑制了库卡集团股票进一步上涨，节省了大量交易成本。

后 记

经济学家乔治·斯蒂格勒说过："没有一个美国大公司不是通过某种程度、某种方式的兼并而成长起来的，几乎没有一家大公司主要是靠内部积累成长起来的。"

作为银势科投的创始人，我一直践行战略指引下的价值投资与并购理念，追求并购的产业协同和价值创造效应，致力于为投融资活动提供更好的解决方案和服务。

本书从提笔到成篇，历时近一年时间，其间多次修改和打磨，但对并购中的一些细节内容，如中介机构的选择、股东持股比例的计算等还需要进一步的丰富和完善，也希望每位读者提出更好的意见和建议。为此，我注册了微信公众号"银势科投"，欢迎大家搜索添加并留言。我会根据大家的需求，不断更新、完善内容，希望能给每位读者带来更多的价值。

感谢博瑞森贺君编辑及团队从本书的选题、策划到出版所给予的支持和帮助。

感谢在投资与并购顾问服务过程中给予支持的各位企业家朋友，是他们的支持让我对并购有了更深的认知。

感谢毕马威、德勤、安永、金杜律师事务所、中信证券、三峡资本等专业机构的朋友的指导和帮助。

感谢我的妻子，谢谢她在我外出工作的日子里对我的支持和包容；感谢我的女儿，她是如此乖巧懂事，让我的写作充满动力；感谢我的父母，谢谢他们在我人到中年时仍然给予我默默的支持。

张军杰

2020 年 4 月于杭州

老板·创业			
一、经理人			
书名	内容	书名	内容
老总有想法，高层有干法 王清华 著	企业将、帅之间的定位问题、角色问题、方法问题、思维问题、管理问题等	**历史深处的管理智慧1：组织建设与用人之道** 刘文瑞 著	通过历史鉴照当今企业选人用人、二代接班人、创业团队管理等问题
历史深处的管理智慧2：战略决策与经营运作 刘文瑞 著	通过历史鉴照当今企业决策、战略规划、战略冒进、决策监督等问题	**历史深处的管理智慧3：领导修炼与文化素养** 刘文瑞 著	通过历史鉴照当今企业的领导修养、用权、管理风格等问题
老板经理人双赢之道 陈 明 著	经理人怎养选平台、怎么开局，老板怎样选/育/用/留		
二、用人			
用好骨干员工 王 敏 著	系统化分享关键人才打造与激励方法	**领导这样点燃你的下属** 孟广桥 著	领导者如何才能让员工积极主动地工作
让用人回归简单 宋新宇 著	帮助管理者抓住用人的要害，让用人变得简单		
三、转型·创业			
创业要过哪些坎 董 坤 著	15年创业咨询经验总结的创业遇到的问题及办法	**高潜牛人** 董 坤 著	创业和事业发展中如何找到牛人
成为下一个SaaS独角兽 崔牛会 主编	19位SaaS领专家，7个不同的视角总结SaaS行业实践	**创模式：23个行业创新案例** 段传敏 著	CEO社群23位企业家的思考与实践分享。
重生——中国企业的战略转型 施 炜 著	本书对中国企业战略转型的方向、路径及策略性举措提出了建议和意见。	**7个转变，让公司3年胜出** 李 蓓 著	企业估值、业务模式、营销、生产制造、客户服务、用户黏性到组织管理7个转变
企业二次创业成功路线图 夏惊鸣 著	五步骤给出了一幅企业二次创业经营突破、管理提升的成功路线图	**跟老板“偷师”学创业** 吴江萍 余晓雷 著	如何通过“偷师”学习与积累当老板的阅历
公司由小到大要过哪些坎 卢 强 著	企业成长路线图，现在我在哪，未来还要走哪些路，都清楚了	**跳出同质思维，从跟随到领先** 郭 剑 著	66个精彩案例剖析，帮助老板突破行业长期思维惯性

企业经营			
经营打造你的盈利系统 高可为 著	选择最有效的经营策略，打造属于自己的商业模式	**中国企业的觉醒** 王 涛 著	企业告别自私、野蛮，转向善良、爱，才会赢得消费者
成为敏感而体贴的公司 王 涛 著	未来有竞争力的企业，一定是那些敏感而体贴的公司！	**有意识的思考** 王 涛 著	对头脑中固有观念保持觉察，从而超越它们的局限
简单思考 孔祥云 著	著名咨询公司（AMT）CEO创业历程中的经验与思考	**写给企业家的公司与家庭财务规划** 周荣辉 著	以企业的发展周期为主线，写各阶段企业与企业主家庭的财务规划

续表

书名	内容	书名	内容
从10亿到100亿的企业顶层设计 刘建兆　著	重新定义企业成长方式，有效益、有效率、有效能、有效果、有品质的良性成长。	**活系统：跟任正非学当老板** 孙行健　尹　贤　著	造活系统，使系统活，靠系统活，活得系统。
宗：一位制造业企业家的思考 刘建兆　著	发展20年营业额近亿元制造业企业家的思考与心得	**使命：驱动企业成长** 高可为　著	用大企业发展轨迹及企业家的心路历程，揭示企业成长的基因，做事的逻辑
让经营回归简单 宋新宇　著	战略、客户、产品、员工、成长、经营者的经营法则	**边干边学做老板** 黄中强　著	86个案例讲述中小公司成长过程遇到的问题和方法
盈利原本就这么简单 高可为　著	跨越业务与财务边界，为企业提高盈利水平提供方法。		
综合管理			
一、企业管理			
让管理回归简单 宋新宇　著	从目标、组织、决策、授权、人才、老板自己等提供方案	**管理的尺度** 刘文瑞　著	西医式的体检化验，又要施加中医式的望闻问切
管理：以规则驾驭人性 王春强　著	人性驾驭角度权度运筹安排的可兑现性，管理有效性	**看电影，学管理** 刘文瑞　著	十六部电影的解读，揭示电影内含的管理之道
好管理　靠修行 曾　伟　著	从佛法、道法思想中寻找管理智慧	**公司大了，怎么管** 金国华　著	成长型企业发展中的共性问题，通过案例实录解开
低效会议怎么改 王玉荣　葛新红　著	从梳理公司会议体系的层面改变低效会议的现状	**年初订计划年尾有结果** 郭　晓　著	总结七步落地方案让战略计划切实落地实现
分股合心 段　磊　周　剑　著	围绕股权激励，详细介绍相关知识和实行方法	**员工心理学超级漫画版** 邢　磊　著	漫画形式对组织中个体心理的全面介绍和深入探讨
让投诉客户满意离开 孟广桥　著	投诉法律法规，应对各种投诉技巧等提升客诉能力		
二、管理思想			
管理学的奠基者 刘文瑞　著	近代以来的管理思想发展揭示管理思想的演化奥秘	**巴纳德组织理论研读** 郭　威　著	深度研读巴纳德《经理人员的职能》，帮你理解和看懂
管理学在中国 刘文瑞　著	科学看待管理学流入中国，对继承发展进行深入阐述	**德鲁克管理学** 张远凤　著	以德鲁克管理思想发展为线展示20世纪管理学发展
德鲁克与他的论敌们 罗　珉　著	德鲁克与马斯洛、戴明等诸多管理大师论战的故事	**德鲁克管理思想解读** 罗　珉　著	作为德鲁克学生全面解构其思想的精髓与实践价值
治论：中国古代管理思想 张再林　著	深入分析中国古代哲学基本精神的基础上，梳理分析了儒法墨三家的管理思想		

续表

营销·销售			
一、企业销售			
书名	内容	书名	内容
大客户销售这样说这样做 陆和平　著	大客户销售活动的十大模块，68个典型销售场景	**向高层销售** 贺兵一　著	销售人员与客户高层打交道需要重点掌握的知识、技巧
资深大客户经理 叶敦明　著	将大客户经理必须具备的规划、策略、执行三种能力连通自如	**成为资深的销售经理** 陆和平　著	让销售经理成功把握销售管理6个关键点，并提供工具
销售是个专业活 陆和平　著	据客户采购流程拆分销售过程10阶段，讲解方法技巧	**学话术　卖产品** 张小虎　著	手机、电动车、家电、食品等消费品的一线销售话术
二、企业营销			
新营销组织力 迪智成　著	适应最新数字化外部环境，系统化协同组织能力建设	**营销按钮** 老　苗　著	讲述存在于人性以及各个营销环节中的"按钮"
精品营销战略 杜建君　著	"精品营销战略"核心逻辑与营销组合策略	**360°谈营销** 王清华　古怀亮　著	营销是立体的，从不同角度观察不同企业的营销精髓
互联网精准营销 蒋　军　著	互联网时代整3体策划、包装品牌和产品	**招招见销量的营销常识** 刘文新　著	做好基本的营销动作都可以提高销量、减低成本
用数字解放营销人 黄润霖　著	用数字说话覆盖营销工作的方方面面	**用营销计划锁定胜局** 黄润霖　著	让营销计划落地，营销人员只需解决两个问题：基数与概率
我们的营销真案例 联纵智达研究院　著	五芳斋粽子、诺贝尔瓷砖、利豪家具、保健品、娃哈哈	**中国营销战实录** 联纵智达研究院　著	51个案例，46家企业，46万字，18年积淀
弱势品牌如何做营销 李政权　著	产品与物流通道、服务通道、促销互动通路提供方法	**解决方案营销实战案例** 刘祖轲　著	十大工业品作者实操案例解码解决方案营销
升级你的营销组织 程绍珊　吴越舟　著	根据企业实际情况建立有机性营销组织	**变局下的营销模式升级** 程绍珊　叶　宁　著	十年大量案例归纳三种核心驱动要素，三种升级方向
老板如何管营销 史贤龙　著	以十六个招式，理论与案例相结合，高段位营销方法	**孙子兵法营销战** 刘文新　著	理解《孙子兵法》原意的同时，还可体悟到营销之用
三、品牌			
中国品牌营销十三战法 朱玉童　著	深度演绎最符合企业品牌营销策划的十三套实战战法	**中小企业如何打造区域强势品牌** 吴　之　著	如何建立强势品牌的角度解析扩张难题
四、营销策划			
这样写文案，就没有卖不动的产品 秦　剑　刘安丽　著	术、法、道三个层面由浅至深培养商业文案创作能力	**洞察人性的营销战术** 沈　坤　著	介绍了28个匪夷所思的营销怪招，大部分甚至可以直接运用

续表

书名	内容	书名	内容
双剑破局：沈坤营销策划案例集 沈　坤　著	双剑公司8年来的实操案例，每个项目诞生过程、策划角度和方法		
企业案例			
鲁花：一粒花生撬动的粮油帝国 余　盛　著	鲁花如何成长为优秀的带动农业产业发展的品牌，鲁花你一定学得会	**金龙鱼背后的粮油帝国** 余　盛　著	以金龙鱼为脉的一部中国粮油行业的史诗
你不知道的加多宝 曲宗恺　牛玮娜　著	以时间为轴线，详细叙述了加多宝品牌的发展历程	**静水流深** 黄治国　著	作者在美的十五年对何享健近内部讲话资料的整理
娃哈哈区域标杆 罗宏文　快车君 赵晓萌　寇尚伟	讲娃哈哈豫北市场如何成为娃哈哈全国第一大市场、全国增量第一的市场	**借力咨询：德邦成长背后的秘密** 官同良　王祥伍　著	德邦将自己积累的与咨询公司发展共赢的合作逻辑和盘托出
六个核桃凭什么从0过100亿 张学军　著	全视角深度解读养元企业的裂变成长，复盘十年蜕变轨迹	**像六个核桃一样** 王　超　著	六个核桃为什么卖得这么好，产品畅销的6大要义36条简明法则
中国首家未来超市 IBMG集团　著	对乐城超市的掌门人及内部员工的采访详细阐释了乐城的经验	**三四线城市超市如何快速成长：解密甘雨亭** IBMG集团　著	甘雨亭的许多关键经营指标均高于行业标准，学习其成功的方法
集团化企业阿米巴实战案例 初勇钢　著	作者在某酒厂推行阿米巴经营模式的心得		
经销商			
新经销：新零售时代教你做大商 黄润霖　著	探访近100位经销商在传统营销手法上的创新，传统营销微创新和新营销本地化	**商用车经销商运营实战** 杜建君　王朝阳 章晓青　著	对商用车经销商的经营与管理、4S店运营做了全方面的系统总结
跟行业老手学经销商开发与管理 黄润霖　著	从管理耐用消费品经销商角度提炼了48个代表性问题并给出解决办法	**快消品经销商如何快速做大** 黄润霖　著	经销商如何通过经营实现规模，通过管理实现规模效益
建材家居经销商实战42章经 王庆云　著	经营管理的心法和战法，帮助经销商成为“业务妙手”和“管理能手”	**成为最赚钱的家具建材经销商** 李治江　著	针对建材家居行业的经销商，从销售模式、产品、门店、市场等方面给出方法
白酒经销商的第一本书 唐江华　著	经销商如何选择厂家、合作、运营品牌等问题给建议	**快消品招商的第一本书** 刘　雷　著	从招商理论到招商动作进行系列化分解，化繁为简
中小企业			
中小企业如何打造区域强势品牌 吴　之　著	如何建立强势品牌的角度解析扩张难题	**用流程解放管理者** 张国祥　著	8个板块构成，共66篇文章，14幅流程管理图
用流程解放管理者2 张国祥　著	对中小企业规范化流程管理进行系统的阐述	**弱势品牌如何做营销** 李政权　著	产品与物流通道、服务通道、促销互动通路提供方法

续表

书名	内容	书名	内容
本土化人力资源管理8大思维 周 剑 著	用最贴近中国中小企业现实管理情境的案例去讲述周围人的“家事”	**中小农业企业品牌战法** 韩 旭 著	农业企业需要全产业链视野，更需要品牌实战方法
门店销售冠军复制系统 王吉坤 著	门店型企业如何打造可复制的销售冠军系统，凡是门店型企业都可以使用	**新零售动作分解与实操：建材·家居·家具** 盛斌子 著	对泛家居行业趋势、店面管理、团队管理、促销推广、五感营销等提供策略
家具建材促销与引流 薛 亮 李永锋 著	对泛家居营销执行模式和工具、关键环节等进行汇总	**建材家居门店6力爆破** 贾同领 著	产品力、导购力、形象力、推广力、服务力、组织力
家具行业操盘手 王献永 著	总结家具终端门店发展的现状及问题并给出策略	**手把手教你做专业督导** 熊亚柱 著	系统梳理督导的核心技能，岗位职责、工作流程及技能
手把手帮建材家居导购业绩倍增 熊亚柱 著	针对建材家居门店的业务人员，案例故事还原场景教你成为好导购	**10步成为最棒的建材家居门店店长** 徐伟泽 著	梳理店长管理的核心工作职责，店面管理规范和帮助销售人员成长
建材家居门店销量提升 贾同领 著	9个板块讲述建材门店一个单店如何做到经营的良性循环	**总部有多强大，门店就能走多远** IBMG集团 著	五大方向综合阐述连锁零售企业总部如何提升管理能力
赚不赚钱靠店长，从懂管理到会经营 孙彩军 著	注重专卖店的经营思路拓展，门店管理细节方面能力提升	**新医改了，药店就要这样开** 尚 锋 著	从药店定位的思考，内部和会员管理等几个方面探讨中小型药店发展方向
门店管理			
电商来了，实体药店如何突围 尚 锋 著	新时代药店经营三驾马车：药学专业服务、会员贴心服务和精准定向促销	**引爆药店成交率1：店员导购实战** 范月明 著	药店人的零售工作怎样接待顾客，完善销售技巧
引爆药店成交率2：药店经营实战 范月明 著	从药店经营角度如何建立改善门店现状的实用标准	**引爆药店成交率：专业化销售解决方案** 范月明 著	从简单的拿药服务到提供多角度的专业解决方案
互联网			
一、互联网转型			
画出公司的互联网进化路线图 李 蓓 著	18个“可以……吗”的问题作为你产品、客户和价值方面的指引牌	**7个转变，让公司3年胜出** 李 蓓 著	企业估值、业务模式、营销、生产制造、客户服务、用户黏性到组织管理7个转变
重生战略移动互联网和大数据时代的转型法则 沈 拓 著	四个重生战略对应四个法则告知传统企业的转型重生之路	**创造增量市场：传统企业互联网转型之道** 刘红明 著	为读者提供了寻找这些互联网的切入点和接触点的具体方法，带来增量市场
互联网+变与不变 本土管理实践与创新论坛 著	61篇精华文章，聚焦传统行业如何互联网+时代转型	**今后这样做品牌** 蒋 军 著	顶层设计、营销创新、产品战略、渠道变革、品牌策略
移动互联新玩法 史贤龙 著	立足现实，剖析新时代背景下的移动互联趋势与热点	**互联网时代的成本观** 程 翔 著	多维组合成本的互联网精神和大数据特征及应用

续表

书名	内容	书名	内容
正在发生的转型升级实践 本土管理实践与创新论坛　著	100多位本土管理专家当年对最新一年的思考和实践	**1000铁杆女粉丝** 张兵武　著	如何让普通女性成为忠实追随的铁杆粉丝，磁力点、情感结、甜蜜区、信任圈
混沌与秩序Ⅰ：变革时代企业领先之道 彭剑锋　施　炜 苗兆光　王祥伍 孙　波　夏惊鸣	新环境下企业面临变革应如何应对，作为企业家又应当如何坚守并与企业共同成长提出了深度思考	**混沌与秩序Ⅱ：变革时代管理新思维** 彭剑锋　施　炜 苗兆光　王祥伍 孙　波　夏惊鸣	对处于时代变革下的企业管理新机制、人力资源管理新思维，组织与人的新型关系，结合案例提出优化建议
消费升级：实践·研究 本土管理实践与创新论坛　著	从经营、管理、行业三个方面记录消费升级下的实践	**互联网精准营销** 蒋　军　著	互联网时代整体策划、包装品牌和产品
二、抖音、微信微商、电商			
抖音营销系统 刘大贺　著	抖音系统的实战营销知识，上百个从0做大的案例	**金牌微商团队长** 罗晓慧　著	微商团队长创业实操的指导工具书
微商生意经：真实再现33个成功案例操作全程 伏泓霖　罗晓慧　著	精心挑选的33个微商成功案例，阐述具体操作过程	**快速见效的企业微信营销方法** 孙　巍　著	站在微信生态的立体高度系统讲述企业微信快营销方法论
阿里巴巴实战运营：14招玩转诚信通 聂志新　著	产品定位、阿里巴巴排名因素、数据分析，标题优化等如何做好阿里巴巴	**阿里巴巴实战运营2：诚信通热卖技巧** 聂志新　著	打开诚信通运营的金钥匙，10大具体运营技巧
三、行业新营销			
餐饮新营销 杨　勇　程绍珊　著	聚焦餐饮企业转型，系统的餐饮企业营销管理体系	**新零售进化路径** 李政权　著	预先复盘新零售及商业的未来，找到方向
珠宝黄金新营销 崔德乾　著	珠宝业新营销/新品牌/新产品/新零售/新连接/新场景/新服务/新传播/新管理	**新经销：新零售时代教你做大商** 黄润霖　著	探访近100位经销商在传统营销手法上的创新，传统营销微创新和新营销本地化
新零售动作分解与实操：建材·家居·家具 盛斌子　著	对泛家居行业趋势、店面管理、团队管理、促销推广、五感营销等提供策略	**新营销** 刘春雄　著	让品牌商和渠道商掌握获得独立流量的能力，能够与平台商博弈
快速见效的企业网络营销方法　B2B　大宗B2C 张　进　著	数据和案例90%来自作者服务的中小企业，快速全面地学习企业网络营销方法	**移动互联下的超市升级** 联商网专栏　著	超市未来的发展趋势，对社区超市、生鲜、全渠道建设、O2O等提出观点
百货零售全渠道营销策略 陈继展　著	零售行业的竞争重点、行业本质，战略转型、未来趋势、经验和案例	**互联网时代的银行转型** 韩友斌　著	银行业在互联网金融变革浪潮中所做的积极应对和转型布局
触发需求：互联网新营销样本·水产 何足奇　著	通过鲜誉案例解读阐述水产行业如何进行互联网转型	**新农资如何弯道超车** 刘祖轲　著	从农业产业化、互联网转型、行业营销与经营突破四个方面阐述农资企业转型

续表

书名	内容	书名	内容
新零售 新终端 迪智成 著	将新零售系统打法做梳理并落地在新终端建设上		
医药医疗			
一、药店			
新医改了，药店就要这样开 尚锋 著	从药店定位的思考，内部和会员管理等几个方面探讨中小型药店发展方向	电商来了，实体药店如何突围 尚锋 著	新时代药店经营三驾马车：药学专业服务、会员贴心服务和精准定向促销
引爆药店成交率1：店员导购实战 范月明 著	药店人的零售工作怎样接待顾客，完善销售技巧	引爆药店成交率2：药店经营实战 范月明 著	从药店经营角度如何建立改善门店现状的实用标准
引爆药店成交率：专业化销售解决方案 范月明 著	从简单的拿药服务到提供多角度的专业解决方案		
二、药品销售			
医药第三终端：从控销到动销 诊所 基层医疗 王祥君 张芳文 著	用大量案例来梳理药企落地动销的策略、方法和技战术	医药营销：诊所开发维护与动销 张江民 著	从六个方面系统阐述基层诊所市场营销攻略
处方药合规推广实战宝典 赵佳震 著	对处方药推广体系搭建、推广人员岗位内容等六个方面进行阐述	医药代理商经营全指导 戴文杰 著	从产品选择、价格体系设计、路径管理等维度描述代理商产品操作的基本策略
处方药零售这样做 田军 著	处方药零售的重要性及做市场的具体措施和方法	OTC医药代表药店开发与维护 鄢圣安 著	一位从初级OTC医药销售代表成长起来的销售经理的经验分享
OTC医药代表药店销售36计 鄢圣安 著	以《三十六计》为线，写OTC医药代表向药店销售的一些技巧与策略		
三、药企转型			
药企战略·运营与医药产业重构 杜臣 著	对医药产业的深度认知与发展趋势结合，战略思考与经营操作相统一	医药行业大洗牌与药企创新 林延君 沈斌 著	围绕着创新介绍医药行业，介绍近百家医药企业创新实践案例
医药新营销 史立臣 著	从药企最关心的八个方面阐述制药企业、医药商业企业营销模式转型	医药企业转型升级战略 史立臣 著	商业模式转型、管理转型、定位转型、运营模式转型和跨界转型五方面阐述转型
新医改下的医药营销与团队管理 史立臣 著	立足新医改相关政策的解读，为中小医药企业出谋划策	在中国，医药营销这样做 段继东 著	时代方略在医药营销领域思想、方法文章的精选合集
四、新医疗			
成为医疗器械领军者 王强 著	中小型医疗器械生产企业和代理商怎样转型	新型诊所经营与创新 动脉网 著	对新型诊所从标准化管理、经营方式、团队建设、连锁模式四个方面进行解读

续表

书名	内容	书名	内容
医美新风口：颜值经济下的亿万市场 动脉网　著	详细介绍中国医疗美容行业的发展趋势，现状以及医美产业链等	互联网医院：正在发生的医疗新变革 动脉网　著	介绍互联网医院的建设与运营、管理，发展模式和市场布局，以及发展规律
快消品			
一、快消案例			
中国快消品营销这些年 史贤龙　著	一本书浓缩快消品营销15年的实战历程与前沿思考	这样打造大单品 迪智成　著	通过13个大案例帮助企业梳理打造大单品的路径
你不知道的加多宝 曲宗恺　牛玮娜　著	以时间为轴线，详细叙述了加多宝品牌的发展历程	娃哈哈区域标杆 罗宏文　快车君 赵晓萌　寇尚伟	讲娃哈哈豫北市场如何成为娃哈哈全国第一大市场、全国增量第一的市场
六个核桃凭什么从0过100亿 张学军　著	全视角深度解读养元企业的裂变成长，复盘十年蜕变轨迹	像六个核桃一样 王　超　著	六个核桃为什么卖得这么好，产品畅销的6大要义36条简明法则
5小时读懂快消品营销 陈海超　著	20年快速消品市场风云洞察解码，丰富的案例解析		
二、快消品区域经理			
快消品营销团队管理 刘　雷　伯建新　著	快消品团队管理相关的20余个工具+20余个案例	这样打造快消品区域标杆 罗宏文　牛玉龙　著	分为两篇解决如何成功打造标杆市场和进行持续增量管理两大问题
成为优秀的快消品区域经理（升级版） 伯建新　著	作为区域经理的“速成催化器”，升级版增加11篇内容	快消老手都在这样做：区域经理操盘锦囊 方　刚　著	一线成长起来的资深快消品营销人“压箱底”绝活亲囊而授
快消品营销人的第一本书 刘雷　伯建新　著	针对一线厂家业务员工作中常遇到的问题给予建议	销售轨迹：一位快消品营销总监的拼搏之路 秦国伟　著	一个普通营销人的故事，16年背井离乡的职场拼搏之路
快消品营销：一位销售经理的工作心得2 蒋　军　著	从市场操作、团队管理、传播推广、营销的具体策略和战略等方面提供方法		
三、快消品动销			
动销：产品是如何畅销起来的 余晓雷　著	怎么被消费者买走和竞争对手是谁这两个原点解决动销问题	动销操盘：节奏掌控与社群时代新战法 朱志明　著	用七个章节阐述关于动销操盘的要诀，节点、节奏、主次、条件匹配性等问题
动销四维：全程辅导与新品上市 高继中　著	从产品、渠道、促销和新品上市四个方面详细讲解提高动销的具体方法		
四、快消品渠道			
深度分销 施　炜　著	流道价值链、模式选择、渠道策略与管理、零售经销商管理、最佳实践、团队建设	通路精耕操作全解周俊 陈小龙　著	对康师傅制胜法宝通路精耕进行系统介绍与说明，图表和完善入微的操作方法

续表

书名	内容	书名	内容
酒水饮料快消品餐饮渠道营销手册 朱伟杰　著	对餐饮渠道深入挖掘，建立适合餐饮渠道发展的服务模式和组织保障措施	**快消品经销商如何快速做大** 杨永华　著	经销商如何通过经营实现规模，通过管理实现规模效益
快消品营销与渠道管理 谭长春　著	解决日常涉及的渠道管理、市场、产品等营销事务	**快消品招商的第一本书** 刘　雷　著	从招商理论到招商动作进行系列化分解，化繁为简
采纳方法：化解渠道冲突 朱玉童　著	21 个最新的渠道冲突案例立体地介绍渠道冲突的现象和方法		
五、快消品企业战略			
重构：快消品企业重生之道 杨永华　著	从战略，品牌，市场，产品，营销，系统，管理 7 个方面进行重构	**变局下的快消品实战策略** 杨永华　著	从 5 个角度针对快消品企业如何应对行业变局给出答案
新营销 刘春雄　著	让品牌商和渠道商掌握获得独立流量的能力，能够与平台商博弈	**采纳方法：破解本土营销 8 大难题** 朱玉童　著	破解困扰营销人的八大难题变给出解决方法
白酒营销培训宝典：复制高业绩 刘孝鞅　著	总结白酒营销人员系统运作市场的要点，转化为易学可复制的动作和工具表单	**酒水饮料快消品餐饮渠道营销手册** 朱伟杰　著	对餐饮渠道深入挖掘，建立适合餐饮渠道发展的服务模式和组织保障措施
白酒营销的第一本书 唐江华　著	多角度阐释白酒一线市场操作的最新模式和方法	**白酒经销商的第一本书** 唐江华　著	经销商如何选择厂家、合作、运营品牌等问题给建议
白酒到底如何卖 赵海永　著	多角度地阐释了白酒一线市场操作的最新模式和方法	**白酒到底如何卖 2：从市场培育到动销** 赵海永　著	系统化、标准化、模式化的促成动销的实战操作方式和方法
变局下的白酒企业重构 杨永华　著	白酒企业重构期的营销战略与实操策略 6 大方法	**酒业转型大时代** 微　酒　著	酒水营销、新闻资讯及行业分析、预测的知识宝典
区域型白酒企业营销必胜法则 朱志明　著	以 36 条法则从战略、营销、推广、产品线、品牌、市场、战术、等方面提供方法	**10 步成功运作白酒区域市场** 朱志明　著	从市场攻守、产品攻略、新品上市、占领渠道、促销等十个层面阐述
茶·调味品·油·乳业			
营销中国茶：2 小时读懂茶叶营销 史贤龙　著	中国茶营销的“困局”“破局”和“创举”	**中国茶叶营销第一书** 柏　龑　著	纵览中国茶叶市场的全局，并且有针对性地提出问题并阐述解决方法
调味品营销第一书 陈小龙　著	15 年监控中国市场 50 个中外著名调味品品牌市场运作、管理等得到的经验总结	**调味品企业八大必胜法则** 张　戟　著	提炼了调味品企业八大规律性的关键成功要素
食用油营销的第一本书 余　盛　著	从小包装油行业概述到产品的基本知识，从基本执行动作到品牌整体策划等	**鲁花：一粒花生撬动的粮油帝国** 余　盛　著	鲁花如何成长为优秀的带动农业产业发展的品牌，鲁花你一定学得会

续表

书名	内容	书名	内容
金龙鱼背后的粮油帝国 余　盛　著	以金龙鱼为脉的一部中国粮油行业的史诗	**乳业营销的第一本书** 侯军伟　著	区域型乳品企业如何才能够稳健的发展
工业品			
一、工业品销售			
大客户销售这样说这样做 陆和平　著	大客户销售活动的十大模块，68个典型销售场景	**销售是个专业活　B2B** 陆和平　著	据客户采购流程拆分销售过程10阶段，讲解方法技巧
成为资深的销售经理：B2B　工业品 陆和平　著	让销售经理成功把握销售管理6个关键点，并提供工具	**一切为了订单：订单驱动下的工业品营销实践** 唐道明　著	以订单流程的三个环节为主线讲述工业品营销管理新思路
二、工业品营销			
工业品营销管理实务（第4版） 李洪道　著	是信任导向工业品营销体系的深化版、工业品营销管理体系优化咨询升级版	**工业品企业如何做品牌** 张东利　著	为当下中国制造的品牌化转型提供经过实践证明的理念、方法和体系
工业品市场部实战全指导 杜　忠　著	解决职能不清、市场部五大职能如何运作、职业发展路径等具体问题	**解决方案营销实战案例** 刘祖轲　著	十大工业品作者实操案例解码解决方案营销
资深大客户经理：策略准　执行狠 叶敦明　著	将大客户经理必须具备的规划、策略、执行三种能力连通自如		
三、工业品企业			
变局下的工业品企业7大机遇 叶敦明　著	探索工业品企业成长的新机会，7大战略与战术性机会	**两化融合管理体系贯标流程与方法** 戴　勇　著	融合五十多家企业在两化融合贯标过程的经验，总结重点与举措
丁兴良讲工业4.0 丁兴良　著	多角度阐述中国在工业4.0的机遇和挑战		
建材家居			
一、建材家居门店			
家居建材促销与引流 薛　亮　李永锋　著	对泛家居营销执行模式和工具、关键环节等进行汇总	**新零售动作分解与实操：建材·家居·家具** 盛斌子　著	对泛家居行业趋势、店面管理、团队管理、促销推广、五感营销等提供策略
家具行业操盘手 王献永　著	总结家具终端门店发展的现状及问题并给出策略	**手把手教你做专业督导** 熊亚柱　著	系统梳理督导的核心技能，岗位职责、工作流程及技能
手把手帮建材家居导购业绩倍增 熊亚柱　著	针对建材家居门店的业务人员，案例故事还原场景教你成为好导购	**10步成为最棒的建材家居门店店长** 徐伟泽　著	梳理店长管理的核心工作职责，店面管理规范和帮助销售人员成长
建材家居门店销量提升 贾同领　著	9个板块讲述建材一个单店如何做到经营的良性循环	**建材家居门店6力爆破** 贾同领　著	产品力、导购力、形象力、推广力、服务力、组织力
二、建材家居经销商			
新经销：新零售时代教你做大商 黄润霖　著	探访近100位经销商在传统营销手法上的创新，传统营销微创新和新营销本地化	**建材家居经销商42章经** 王庆云　著	经营管理的心法和战法，帮助经销商成为“业务妙手”和“管理能手”

续表

书名	内容	书名	内容
成为最赚钱的家具建材经销商 李治江　著	针对建材家居行业的经销商，从销售模式、产品、门店、市场等方面给出方法		
三、建材家居企业			
定制家居黄金十年 韩　锋　翁长华　著	对中国定制家居行业20年发展历程深度、系统、专业的解读	**建材家居营销：除了促销还能做什么** 孙嘉晖　著	探索家居建材行业营销的革命，回顾和思考来发现行业"营销天花板"的突破口
建材家居营销实务：新环境、新战法 程绍珊　杨鸿贵　著	针对建材家居市场特点提出以客户价值为基础的整体营销价值链		
零货·超市·百货			
新零售进化路径 李政权　著	预先复盘新零售及商业的未来，找到方向	**新零售　新终端** 迪智成　著	将新零售系统打法做梳理并落地在新终端建设上
移动互联下的超市升级 联商网　著	超市未来的发展趋势，对社区超市、生鲜、全渠道建设、O2O等提出观点	**百货零售全渠道营销策略** 陈继展　著	零售行业的竞争重点、行业本质，战略转型、未来趋势、经验和案例
超市卖场定价策略与品类管理 IBMG 集团　著	零售企业的市场拓展与商品定位、商品结构与商品陈列、毛利分析与库存分析	**连锁零售企业招聘与培训破解之道** IBMG 集团　著	围绕零售企业组织架构、培训体系建设等内容进行深刻探讨
总部有多强大，门店就能走多元 IBMG 集团　著	五大方向综合阐述连锁零售企业总部如何提升管理能力	**三四线城市超市如何快速成长：解密甘雨亭** IBMG 集团　著	甘雨亭的许多关键经营指标均高于行业标准，学习其成功的方法
中国首家未来超市：解密安徽乐城 IBMG 集团　著	对乐城超市的掌门人及内部员工的采访详细阐释了乐城的经验	**零售：把客流变成购买力** 丁　昀　著	通过大量的实际案例对中国零售业态的升级转型之路提出思考
餐饮·服装·影院			
餐饮新营销 杨　勇　程绍珊　著	聚焦餐饮企业转型，系统的餐饮企业营销管理体系	**电影院的下一个黄金十年** 李保煜　著	介绍了中国电影产业的运作模式以及电影院的开发、设计思路
餐饮企业经营策略第一书 吴　坚　著	阐述餐饮企业产品之道、市场之道、顾客之道及盈利之道	**赚不赚钱靠店长，从懂管理到会经营** 孙彩军　著	注重专卖店的经营思路拓展，门店管理细节方面能力提升
农牧业			
一、农资			
饲料营销有方法 陈石平　著	饲料营销的7大核心命题	**农资营销实战全指导** 张　博　著	深度营销在农资市场行之有效的营销策略和工具
新农资如何弯道超车 刘祖轲　著	从农业产业化、互联网转型、行业营销与经营突破		

续表

书名	内容	书名	内容
二、农牧企业			
中国牧场管理实战 黄剑黎 著	牧场管理标准、管理制度、操作规程做出剖析和指引	**中小农业企业品牌战法** 韩 旭 著	农业企业需要全产业链视野，更需要品牌实战方法
变局下的农牧企业9大成长策略 彭志雄 著	为农牧企业量身打造了9个立足现在、展望未来的成长策略	**农产品营销实战第一书** 胡浪球 著	针对33个农产品营销的核心问题提供具体招数
地产·汽车			
一、地产			
中国城市群房地产投资策略 吕俊博 刘 宏 著	挖掘主要城市群的现状特征、发展因子、演化趋势、竞争关系等，给出分析建议	**产业园区/产业地产：规划、招商、实战运营** 阎立忠 著	认知、规划、招商、运营四方面系统解读产业园区的建设精要和运营技巧
人文商业地产策划 戴欣明 著	“全球化视野（创意）”+“人文+”思维		
二、汽车			
商用车经销商运营实战 杜建君 著	对商用车经销商的经营与管理、4S店运营做了全方面的系统总结	**汽车配件这样卖** 俞士耀 著	适合轮胎、机油、维修、快保、美容、洗车等汽车服务业态销售实操办法
润滑油销售：这样说，这样做更有效 张金荣 著	总结润滑油销售面对三大客户常遇到的200余个营销问题解决方法		
投资理财·收购资本			
交易心理分析 马克·道格拉斯【美】 著	一语道破赢家的思考方式，并提供了具体的训练方法	**财报背后的投资机会** 蒋 豹 著	零基础轻松掌握财务报表的相关知识，快速入门
写给企业家的公司与家庭财务规划 周荣辉 著	以企业的发展周期为主线，写各阶段企业与企业主家庭的财务规划	**分股合心** 段 磊 周 剑 著	围绕股权激励，详细介绍相关知识和实行方法
成功并购300问 浩德并购军师联盟 著	系统学习资本运作和企业并购知识的金融工具书	**并购名著阅读指南** 叶兴平 著	全球5000多本并购图书中精选200本并进行评价
阿米巴			
阿米巴经营的中国模式 李志华 著	基于阿米巴经典理念提出了适合中国本土的员工自主经营的“1532”模型	**集团化企业阿米巴实战案例** 初勇钢 著	作者在某酒厂推行阿米巴经营模式的心得
中国式阿米巴落地实践之激活组织 胡八一 著	划分原则、裂变与整合、组织管控、重新定位、巴长竞聘和组阁	**中国式阿米巴落地实践之从交付到交易** 胡八一 著	从6个方面阐述经营会计，从交付到交易是成功实施阿米巴的标志
中国式阿米巴落地实践之持续盈利 胡八一 著	企业做平台、平台做成阿米巴、阿米巴做成合伙制		

续表

人力资源管理			
一、绩效·薪酬			
书名	内容	书名	内容
回归本源看绩效 孙　波　著	从目的和概念帮助企业梳理绩效管理与经营的关系	**走出薪酬管理误区** 全怀周　著	7个常见薪酬误区入手为企业提供一套系统解决方法
曹子祥教你做绩效管理 曹子祥　著	作者核心授课课程的还原，掌握绩效管理的核心内容	**曹子祥教你做激励性薪酬设计** 曹子祥　著	作者28年咨询经验总结，如何进行科学的薪酬体系设计
二、招聘·面试·培训			
把招聘做到极致 远　鸣　著	多年人力资源资深招聘经理多年工作心得提炼	**把面试做到极致** 孟广桥　著	一套实用的确定岗位招聘标准、提升面试官技能方法
人才评价中心漫画版 邢　雷　著	用漫画形式写成的人才测评专业书籍	**世界500强资深培训经理人教你做培训管理** 陈　锐　著	从构建培训体系、培训组织、培训文化、开发培训资源教你做培训管理
三、HR高管·劳动法			
经营型HRD 黄渊明　著	总结企业HRD如何支撑企业经营成功抓好七件关键事情	**人才供应链：实现高绩效均衡的人才管理模式** 许　锋　著	打造人才供应链的四大支柱，十项修炼的完整体系
新任HR高管如何从0到1 新　海　著	到互联网创业型企业担任HRVP，从0到1建立较完善的HR体系	**人力资源体系与e－HR信息化建设** 刘书生　陈　莹 王美佳　著	6大框架、28个关注点、5大目标、6大优势、166个交付物咨询体系和盘托出
集团化人力资源管理实践 李小勇　著	针对集团型企业人力资源管理急问题，提出科学建议	**我的人力资源管理笔记** 张　伟　著	第三方咨询视角跳出"技术方法"看人力资源管理
人力资源的5分钟劳动法 李皓楠　著	入职管理、在职管理、离职管理中遇到的劳动法问题及应对		
四、HRBP			
HRBP是这样炼成的之菜鸟起飞 黄渊明　著	作者在初步转型HRBP两年时间里摸索实践的亲身经历与总结	**HRBP是这样炼成的之中级修炼** 黄渊明　著	结合作者亲身从事HRBP的工作经历，总结HRBP的作战故事
HRBP高级修炼 黄渊明　著	故事方式，HRD角度深度呈现运用HRBP的思维、方法		
企业文化			
企业文化落地本土实践 王祥伍　著	华夏基石"知信行"模型描绘企业文化落地路线图	**企业文化的逻辑** 王祥伍　著	从文化起源深刻剖析文化、效率、企业、企业文化联系
企业文化定位·落地一本通 王明胤　著	企业文化理念传播和落地聚焦的17种方法，解读了近100个实战案例	**36个拿来就用的企业文化建设工具** 海融心胜　著	汇集整理了36个通用的企业文化实践工具

续表

书名	内容	书名	内容
企业文化激活沟通 宋杼宸　安　琪　著	系统阐述沟通与企业文化的关系，给予企业提升沟通效能的企业文化解决方案	**企业文化建设超级漫画版** 邢　雷　著	用漫画形式写成的企业文化建设专业书籍，理论体系和 29 个具体的操作方法
在组织中绽放自我 朱仁建　著	个人与组织之间的关系，文化对组织化形成的影响		
流程管理			
营销·研发·供应链业务架构与流程管理 谭勋晖　著	对营销、研发、供应链这三大业务流程变革实践经验总结	**打造集成供应链** 王春强　著	第一用力在“集成”上，梳理内外部各相关模块及其依赖关系
人人都要懂流程 金国华　余雅丽　著	50 幅流程管理漫画，内部对流程价值理念的高度共识	**用流程解放管理者** 张国祥　著	8 个板块构成，共 66 篇文章，14 幅流程管理图
用流程解放管理者 2 张国祥　著	对中小企业规范化流程管理进行系统的阐述	**跟我们学建流程体系** 陈立云　罗均丽　著	在《跟我们做流程管理》基础上丰富了标杆实践案例
16949 质量管理体系落地与全套文件汇编 谭洪华　著	对 IATF16949 每个条款讲解采用理解、作用、落地、模板、成功案例四个模块解析	**ISO9001：2015 制造业文件模板全集** 贺红喜　著	五篇内容组成的完整的质量管理体系工具文件
精益质量管理实战工具 贺小林　著	四个方面对精益质量管理进行了全方位介绍和解读，并提供大量方法工具	**五大质量工具详解及运用案例** 谭洪华　著	APQP、FMEA、MSA、SPC、PPAP 这五大质量工具的具体运用
IATF16949 质量管理体系详解与案例文件汇编 谭洪华　著	针对 IATF16949 的标准原文做详细解说，同时提供大量表单案例	**SA8000：2014 社会责任体系认证实战** 吕　林　著	将 SA8000 多版本及 10 多年的体系实战经验汇编成书
ISO9001：2015 新版质量管理体系解读与案例文件汇编 谭洪华　著	ISO9001：2015 新版标准理解和运用操作进行详细解读	**ISO14001：2015 新版环境管理体系解读与案例文件汇编** 谭洪华　著	ISO14001：2015 改版后的差别和操作运用进行详细讲解
精益生产			
一、精益·JIT·IE			
精益思维 刘承元　著	作者二十余年企业经营和咨询管理的经验总结	**比日本工厂更高效** 刘承元　著	管理提升无极限＋超强经营力＋精益改善里的成功实践
计划与物流精益改善之道 于晓光　著	围绕“计划与物流战略咨询的方法论”进行解析，提供方法论和案例	**300 张现场图看懂精益 5S** 乐　涛　著	通过日本丰田、上市企业案例，用 300 张现场图系统讲解 5S 管理
3A 顾问精益实践 1：IE 与效率提升 党新民　苏迎斌 蓝旭日　著	系统、全面地介绍 IE 工厂管理技术，提高效率创造价值	**3A 顾问精益实践 2：JIT 与精益改善** 肖智军　党新民　著	系统、全面地介绍 JIT 生产方式，并加入实践案例
高员工流失率下的精益生产 余伟辉　著	从三方面论述推行精益管理时如何应对员工流失		

续表

书名	内容	书名	内容
二、生产管理			
化工企业工艺安全管理实操 黄　娜　著	围绕化工工艺安全14要素来展开分析	手把手教你做专业生产经理 黄　娜　著	生产经理如何在信息流、物流、资金流三大流中开展工作
欧博心法：好工厂　靠管理 曾　伟　著	从管人篇和管事篇帮助读者解决人难管、事难控	欧博工厂案例1：生产计划管控对话录 曾　伟　曾子豪　著	工厂管理生产计划管控模块的8个全景细节大案例
欧博工厂案例2：品质技术改善对话录 曾　伟　曾子豪　著	工厂管理品质、技术、效率管理模块的10个全景细节大案例	欧博工厂案例3：员工执行力提升对话录 曾　伟　曾子豪　著	工厂管理人员管控模块的5个全景细节大案例
工厂管理实战工具 曾　伟　著	中国传统文化指导下的工厂管理工具		
全能型班组：城市能源互联网与电力班组升级 国网天津电力公司　著	从互联网时期的班组转型升级出发，对新型班组组织模式和运行机制进行设想	国网天津电力全能型班组建设实务 国网天津电力公司　著	聚焦天津电力公司在探索全能型班组转型升级时的优秀实践
车间人员管理那些事儿 岑立聪　著	小事入手把基层车间管理者头疼的事务打包解决		
咨询·培训师			
培训师事业长青之道 廖信琳　著	培训师自我管理的“洋葱模型”，十项内容与五个层级	管理咨询师的第一本书 熊亚柱　著	深度剖析初级入行咨询师在工作中会遇到的问题
资深管理咨询顾问工作心得 张国祥　著	使用手册讲述咨询师如何操作项目，老板如何选择咨询师，企业如何自主落地	手把手教你做顶尖企业内训师 熊亚柱　著	从开、控、收、编、制、用的角度去践行培训师的职责
TTT培训师精进三部曲上 廖信林　著	手把手教您“深度改善现场培训效果”的一招一式	TTT培训师精进三部曲中 廖信林　著	建构一整套培训课程设计与开发的认知架构和方法体系
TTT培训师精进三部曲下 廖信林　著	通过“沉淀职业功力的六度模型”，帮助培训师在职业技能上的持续精进		
产品·研发			
研发体系改进之道 靖　爽　陈年根 马鸣明　著	取材数十家企业研发改进的咨询实践，提炼一套实操的改进步骤与工具	新产品开发管理，就用IPD（升级版） 郭富才　著	把产品经营的思想凝结在新产品开发管理机制中，升级版更丰富
产品开发管理：方法·流程·工具 任彭枞　著	结合超过300家企业的实际研发管理方法，总结问题和方法，大量表格	资深项目经理这样做新产品开发管理 秦海林　著	采用过程管理方法，对新产品开发的四大过程进行分析，主要针对小电器产品
产品炼金术Ⅰ：如何打造畅销产品 史贤龙　著	如何打造畅销产品的四个方法	产品炼金术Ⅱ：如何用产品驱动企业成长 史贤龙　著	经营者视角重新认识产品，对产品现状快速诊断
中东历史与现状二十讲 黄民兴　著	对中东几千年的历史和动荡的现状进行了一个白描	非暴力抵抗的诞生 甘　地　著	甘地南非21年为印度侨民争取政治权利的艰苦历程

续表

书名	内容	书名	内容
中国古代政治制度上：皇帝制度与中央政府 刘文瑞　著	探究中国古代政治制度的规则和机制，论证古代皇帝制度的形成和演变历程	中国古代政治制度下：地方体制与官僚制度 刘文瑞　著	探究中国古代政治制度的规则和机制，论证古代地方政府的发展演变过程
两晋南北朝十二讲 李文才　著	分12个专题对两晋南北朝的历史进行阐述	每个中国人身上的春秋基因 史贤龙　著	透过真实的春秋历史，看到人性里的黑暗与光明、卑劣与高尚
二、哲学			
车过麻城·再晤李贽 张再林　著	用游记的方式，展示李贽独到的学术眼力和理论建树	王阳明万物一体论 陈立胜　著	“万物一体”是王阳明思想的基本精神。大人者，能与天地万物为一体
自我与世界：以问题为中心的现象学运动研究 陈立胜　著	对现象学运动之中的“意向性”“自我”“他人”“身体”及“世界”进行深入分析	作为身体哲学的中国古代哲学 张再林　著	对中国古代哲学之性质内容给予一种全新的理论解读
中西哲学的歧义与汇通 张再林　著	揭示中西哲学“你中有我，我中有你”之旨		
三、传统文化			
与老子一起思考·道篇 史贤龙　著	一本将《老子》思想本义、思想价值、思想史地位、文明史意义讲透的著作	与老子一起思考·德篇 史贤龙　著	考、释、译、论四个方面的工作对《老子》进行解读
国富策：读管子知天下财富 翟玉忠　著	《管子》轻重十六篇为核心的轻重术，深刻阐发并从中汲取有益时代的经验教训	说服天下：鬼谷子的中国沟通术 翟玉忠　著	为纵横家正名，对纵横术进行了系统总结
中国商道 翟玉忠　著	对中国先秦和明清时期商业典籍系统整理和诠释	梁涛讲孟子之万章篇 梁　涛　著	对《万章》的讲解通俗、富有新意
中国思想文化十八讲 张茂泽　著	中国宗教文化课程10年基础上撰写而成，介绍中国古代宗教思想	孔门心法，中道而行：史幼波中庸讲记 史幼波　著	史幼波讲的《中庸》提炼出中华传统心性之学的精髓
大学之道，圣学纲目：史幼波大学讲记 史幼波　著	史幼波讲的《大学》帮助我们在自己身上找到一个精神的皈依处	史幼波《周子通书》《太极图说》讲记 史幼波　著	根据史幼波围绕这两篇儒学经典的系列讲座整理而成
四、书法·太极·教育·英语			
跟陈忠建学写名家书法Ⅰ 陈忠建　著	用视频跟陈忠建学名家书法之楷书·行书	跟陈忠建学写名家书法Ⅱ 陈忠建　著	用视频跟陈忠建学名家书法之隶书·楷书·行书
郑子太极拳理拳法 杨竣雄　著	作者14岁入郑子太极之门，用故事性的方式讲述教学	内功太极拳训练教程 王铁仁　著	训练方法及练习，用内气演练过程予以详析，有视频
别让你的执着毁了孩子 廖信林　著	复盘与孩子互动过程中的关键时刻，有效的亲子教育	像美国人一样讲话 马方旭　著	美国最常用的800句习惯用语搭配场景例句，有视频